KB264111

일본어능력시험 실전 시뮬레이션 N4·N5

이장우 저

사람in
saram
in com

들어가기 전에

저자는 아침에 일어나면 항상 커피를 마시면서 오늘의 일과를 정리한다. 나이를 먹은 탓인지 하루의 일과를 아침에 정리를 하지 않으면 금세 잊어버리고 만다. 그리고 항상 하루, 일주일, 한 달의 계획을 다이어리에 정리하고, 가급적이면 그 스케줄에 따르려고 노력한다. 만일, 오늘 할 일을 다 하지 못했을 경우에는 밤을 세우더라도 그 날 중에 끝내도록 한다. 그렇지 않으면 일이 계속 밀리게 되어 일주일, 더 나아가 한 달이 엉망이 되기 때문이다. 이러한 일을 10년 이상 가까이 계속한 덕분에, 나름대로 계획적으로 생활을 하고 있으며, 다른 사람들보다 하루 24시간을 더 효율적으로 사용하고 있다고 자부한다.

이처럼 평상시 생활을 계획적으로 하면, 시간을 다양하게 활용이 가능할 수 있어 더욱 효율적인 하루를 보낼 수 있다. 공부 역시 마찬가지가 아닐까? 무작정 공부를 하는 것보다 시간별로, 요일별로 공부해야 할 양이나 과목을 정해 두면(절대 무리하게 계획을 세워서는 안 된다. 조금은 여유가 있을 정도), 공부의 진행 상황이나 능률 면에서도 상당히 도움이 될 것이다. 예를 들어, 일본어라면 오늘은 문법, 내일은 독해, 모레는 청해 순으로 말이다.

N4나 N5를 준비하는 학습자들은 이제 겨우 일본어에 흥미를 느끼기 시작할 단계이다(적어도 현장에서 일본어를 가르치고 있는 저자의 입장에서는 그렇게 보였다). 일본어는 외국어이기 때문에 단숨에 원어민처럼 말을 하거나 작문을 하는 방법은 없다. 토끼와 거북이 이야기에서 꾸준하지만 느린 거북이가 약삭빠르고 게으름 피우는 토끼를 이겼다는 데서도 지속적으로 꾸준하게 노력하는 것이 중요하다는 것을 보여준다. 하지만 꾸준하지만 느린 거북이를 좀 더 빠른 시간 안에 목표까지 도달할 수 있도록 도와주는 것이 있다면 좀 더 효율적으로 이길 수 있을 것이다. 이 책은 목표까지 더 빨리 더 쉽게 도착할 수 있도록 도와주는 자료로, 저자는 적어도 본 교재로 일본어능력시험을 준비하면서, 약삭빠른 토끼나, 느린 거북이가 되지 않게 하기 위해 많은 노력을 했다.

본 교재는 N5 모의테스트 2회, N4 모의테스트 3회분의 문제로만 구성되어 있지만, 사람in 홈페이지에서 본문 해석을 제공하고 있다. 조금의 불편함은 있겠지만, 책이 두꺼워져서 가격이 비싸지면, 독자분들에게도 부담을 주기에, 나름대로(?) 아이디어를 짜낸 것이다

여러분 중에는 N4나 N5가 최종 목적이 아니고, 더 나아가 N1까지 도전하고자 하는 많은 분들이 계실 것이다. 하지만 기초가 부실한 건물이 문제가 많듯이, 탄탄한 기초가 없으면 N3, N2, N1으로 갈수록 좌절을 맛볼 것이다. 무조건 빨리 가기보다 찬찬히 기초를 쌓으면서 꾸준히 속도를 낸다면 더할 나위 없을 것이다. 그러면, 합격을 손에 넣을 수 있을 것이고, 그 위의 급수를 준비하는 데 있어서도 큰 어려움이 없을 것이다.

저자 이장우

차례

새로운 〈일본어능력시험〉 가이드 5쪽

◆ N5 모의테스트 1회 9쪽
– 言語知識(文字·語彙、文法)、読解 10쪽
– 聴解 29쪽

◆ N5 모의테스트 2회 44쪽
– 言語知識(文字·語彙、文法)、読解 45쪽
– 聴解 64쪽

◆ N4 모의테스트 1회 77쪽
– 言語知識(文字·語彙、文法)、読解 78쪽
– 聴解 101쪽

◆ N4 모의테스트 2회 116쪽
– 言語知識(文字·語彙、文法)、読解 117쪽
– 聴解 141쪽

◆ N4 모의테스트 3회 155쪽
– 言語知識(文字·語彙、文法)、読解 156쪽
– 聴解 179쪽

정답&청해 스크립트 191쪽
– N5 .... 194쪽
– N4 .... 205쪽

새로운 〈일본어능력시험〉 가이드

1 새로운 '일본어능력시험'에 대해

일본어능력시험은 일본어를 모어로 하지 않는 이들의 일본어 능력을 측정 및 인정하는 시험으로 일본국제교류기금과 일본국제교육협회(현 일본국제교육지원협회)가 1984년부터 실시하고 있다. 2008년에는 전세계 약 56만 명이 일본어능력시험을 수험하였다.

최근 일본어능력시험 수험생들은 폭이 매우 넓어졌고 수험 목적도 실력 측정, 취직 및 승진 등 변화가 나타나고 있다. 또 시험에 대한 요구사항이나 의견들이 나왔다.

이에 따라 일본국제교류기금과 일본국제교육지원협회는 능력시험이 실시된 후 지난 20여 년 간 발전해 온 일본어교육학, 테스트 이론의 연구 성과와 지금까지 축적해 온 시험 결과 데이터를 토대로 일본어능력시험의 내용을 개정하여 2010년부터 새로운 일본어능력시험을 실시하게 되었다.

2 개정 포인트

(1) 과제 수행을 위한 언어 소통 능력을 측정한다.

일본어에 관한 지식과 함께 실제 운용 가능한 일본어 능력을 중시한다. 따라서 문자·어휘·문법 등의 언어지식과 그 언어지식을 이용한 소통 상의 과제를 수행하는 능력을 측정한다.

※해답은 현행 시험과 마찬가지로 선택지에 의한 마크시트 방식으로 이루어진다. 또한 말하기, 쓰기 능력을 직접 측정하는 시험 과목은 없다.

(2) 레벨을 4단계에서 5단계로 늘렸다.

N1	기존 시험 1급보다 다소 높은 레벨까지 측정한다.
N2	기존 시험 2급과 거의 같은 레벨이다.
N3	기존 시험 2급과 3급 사이에 해당하는 레벨이다. (신설)
N4	**기존 시험 3급과 거의 같은 레벨이다.**
N5	**기존 시험 4급과 거의 같은 레벨이다.**

(3) '득점등화'를 실시한다.

서로 다른 시기에 실시되는 시험에서는 출제되는 문제가 다르므로 아무리 신중하게 출제를 해도 매회 시험의 난이도가 다소 변동할 수밖에 없다. 따라서 새로운 시험에서는 '등화' 방법을 통해 시험 득점이 난이도의 영향을 받는 일이 없도록 형평성을 유지할 수 있게 한다.

(4) '일본어능력시험 Can-do 리스트' (가칭)를 제공한다.

각 레벨의 합격자가 일본어를 사용하여 실제로 어떠한 일이 가능하다고 생각하는지를 조사한 '일본어능력시험 Can-do 리스트'(가칭)를 제공하는데 현재 작성 중이다.

예) 듣기 – 학교나 직장 공공장소에서 안내방송을 듣고 대략의 내용을 이해할 수 있다.

3 인정 기준

레벨	인정 기준
N1	**폭넓은 장면에서 사용되는 일본어를 이해할 수 있다.** [읽기] · 논리적으로 약간 복잡하고 추상도가 높은 문장 등을 읽고, 문장의 구성과 내용을 이해할 수 있으면, 다양한 화제의 글을 읽고, 이야기의 흐름이나 상세한 표현의도를 이해할 수 있다. [듣기] · 자연스러운 속도의 체계적 내용의 회화나 뉴스, 강의를 듣고, 내용의 흐름 및 등장인물의 관계나 내용의 논리구성 등을 상세히 이헤히거나 요지를 피악할 수 있다.
N2	**일상적인 장면에서 사용되는 일본어 이해와 더불어 보다 폭넓은 장면에서 사용되는 일본어를 어느 정도 이해할 수 있다.** [읽기] · 신문이나 잡지의 기사나 해설 평이한 평론 등, 논지가 명쾌한 문장을 읽고 문장의 내용을 이해할 수 있으며, 일반적인 화제에 관한 글을 읽고, 이야기의 흐름이나 표현의도를 이해할 수 있다. [듣기] · 자연스러운 속도의 체계적 내용의 회화나 뉴스를 듣고, 내용의 흐름 및 등장인물의 관계를 이해하거나, 요지를 파악할 수 있다.
N3	**일상적인 장면에서 사용되는 일본어를 어느 정도 이해할 수 있다.** [읽기] · 일상적인 화제에 구체적인 내용을 나타내는 문장을 읽고 이해할 수 있으며, 신문의 기사제목 등에서 정보의 개요를 파악할 수 있다. 일상적인 장면에서 난이도가 약간 높은 문장을 바꿔 말하면 요지를 이해할 수 있다. [듣기] · 자연스러운 속도의 체계적 내용의 회화를 듣고, 이야기의 구체적인 내용을 등장인물의 관계 등과 함께 거의 이해할 수 있다.
N4	**기본적인 일본어를 이해할 수 있다.** [읽기] · 기본적인 어휘나 한자로 쓰인, 일상생활에서 흔하게 일어나는 화제의 문장을 읽고 이해할 수 있다. [듣기] · 일상적인 장면에서 다소 느린 속도의 회화라면 거의 내용을 이해할 수 있다.
N5	**기본적인 일본어를 어느 정도 이해할 수 있다.** [읽기] · 히라가나나 가타카나, 일상생활에서 사용되는 기본적인 한자로 쓰인 정형화된 어구나 문장을 읽고 이해할 수 있다. [듣기] · 일상생활에서 자주 접하는 장면에서 느리고 짧은 회화로부터 필요한 정보를 얻어낼 수 있다.

4 시험 과목과 시간

레벨	시험 과목 & 시간		
N1	언어지식(문자 · 어휘 · 문법) · 독해(110분)		청해(60분)
N2	언어지식(문자 · 어휘 · 문법) · 독해(105분)		청해(50분)
N3	언어지식(문자 · 어휘)(30분)	언어지식(문법) · 독해(70분)	청해(40분)
N4	**언어지식(문자 · 어휘)(30분)**	**언어지식(문법) · 독해(60분)**	**청해(35분)**
N5	**언어지식(문자 · 어휘)(25분)**	**언어지식(문법) · 독해(50분)**	**청해(30분)**

※ 시험 시간은 변경될 수도 있다. 또한 '청해'는 시험 문제의 녹음 시간 길이에 따라 시험 시간이 다소 변경된다.

5 시험 결과

(1) 시험 결과의 표시

레벨	득점 구분			득점 범위
N1	언어지식(문자·어휘·문법)			0~60
	독해			0~60
	청해			0~60
	종합 득점			0~180
N2	언어지식(문자·어휘·문법)			0~60
	독해			0~60
	청해			0~60
	종합 득점			0~180
N3	언어지식(문자·어휘·문법)			0~60
	독해			0~60
	청해			0~60
	종합 득점			0~180
N4	**언어지식(문자·어휘·문법)·독해**			**0~120**
	청해			**0~60**
	종합 득점			**0~180**
N5	**언어지식(문자·어휘·문법)·독해**			**0~120**
	청해			**0~60**
	종합 득점			**0~180**

(2) 합격/불합격 판정

종합 득점과 각 득점 구분의 기준점, 이 두 가지로 합격/불합격 판정을 내린다. 기준점이란 각 득점 구분에서 '적어도 이 이상은 필요한' 득점을 말한다. 득점 구분의 득점이 하나라도 기준점에 달하지 못한 경우는 종합 득점이 아무리 높아도 불합격으로 처리된다. 각 득점 구분에 기준점을 설정한 것은 학습자의 일본어능력을 종합적으로 평가하기 위해서이다. 종합 득점과 각 득점 구분의 기준점에 따른 합격/불합격 판정에 대한 상세한 내용은 www.jlpt.or.kr을 참고 하도록 한다.

(3) 시험 결과의 통지

다음 예와 같이 ①'득점 구분별 득점'과 득점 구분별 득점을 합계한 ②'종합 득점', 앞으로의 일본어 학습을 위한 ③ '참고 정보'를 통지한다. ③'참고 정보'는 합격/불합격 판정 대상이 아니다.

예: N2을 수험한 Y씨의 '합격/불합격 통지서'의 일부 (실제 서식은 변경될 수 있다.)

	①득점 구분별 점수			②종합 득점
언어지식(문자·어휘·문법)	독해	청해		
50/60	**30**/60	**40**/60		**120**/180

③참고 정보※	
문자 어휘	문법
A	C

A 매우 잘했음 (정답률 67% 이상)

B 잘했음 (정답률 34%이상 67% 미만)

C 그다지 잘하지 못했음 (정답률 34% 미만)

※ '언어지식(문자·어휘·문법)에 대한 참고 정보를 살펴 보면 '문자·어휘'는 A(정답률 67% 이상)이므로 '매우 잘했음', '문법'은 C로(정답률 34% 미만)으로 '그다지 잘하지 못했음'임을 알 수 있다.

6-1 N5 문제 유형

시험 과목 (시험 시간)			문제의 구성			
			문제 유형	변형 정도	문항 수	목표
언어 지식 · 독해 (80분)	문자 · 어휘	1	한자 읽기	◇	12	한자로 쓰인 어휘의 읽는 법을 고르는 문제
		2	표기	◇	8	히라가나로 쓰인 어휘를 한자 · 가타카나로 표기하는 문제
		3	문맥 규정	◇	10	문장의 문맥에 맞게 빈칸에 들어갈 가장 알맞은 어휘를 고르는 문제
		4	유의어(대체)	○	5	출제된 말이나 표현과 의미상 가까운 말이나 표현을 고르는 문제
	문법	5	문법 형식의 판단	○	16	괄호 안에 들어갈 가장 알맞은 문법 기능어를 찾아 문장을 완성하는 문제
		6	문장 만들기	◆	5	보기 4개를 나열해 문장을 완성하고 ★에 해당하는 표현을 찾는 문제
		7	문장의 문법	◆	5	장문의 지문에서 공란에 들어갈 어구를 보기에서 고르는 문제
	독해	8	내용 이해(단문)	○	3	생활, 일 등 여러 화제를 포함한 설명문이나 지시문을 읽고 내용을 이해했는가를 묻는 문제
		9	내용 이해(중문)	○	2	평론, 해설, 에세이 등을 읽고, 인과관계나 이유, 개요, 필자의 생각을 묻는 문제
		10	정보 검색	◆	1	광고, 팸플릿, 정보지, 비즈니스 문서 등의 글에서 필요한 정보를 찾아내는 문제
청해 (30분)		1	과제 이해	◇	7	구체적인 과제 해결에 필요한 정보를 듣고 내용을 이해했는가를 묻는 문제
		2	포인트 이해	◇	6	내용을 듣고 포인트를 파악하는 문제
		3	발화 표현	◆	5	그림을 보면서 상황 설명을 듣고 적절한 표현 고르는 문제
		4	즉시 응답	◆	6	질문 등의 짧은 발화를 듣고 적절한 응답을 선택할 수 있는가를 묻는 문제

◆ : 기존 시험에서는 출제되지 않았던 새로운 문제 형식
◇ : 기존 시험의 문제 형식을 유지하나 형식이 부분적으로 변경된 문제 형식
○ : 기존 시험에서도 출제된 문제 형식

6-2 N4 문제 유형

시험 과목 (시험 시간)			문제의 구성			
			문제 유형	변형 정도	문항 수	목표
언어 지식 · 독해 (95분)	문자 · 어휘	1	한자 읽기	◇	9	한자로 쓰인 어휘의 읽는 법을 고르는 문제
		2	표기	◇	6	히라가나로 쓰인 어휘를 한자로 표기하는 문제
		3	문맥 규정	○	10	문장의 문맥에 맞게 빈칸에 들어갈 가장 알맞은 어휘를 고르는 문제
		4	유의어(대체)	○	5	출제된 말이나 표현과 의미상 가까운 말이나 표현을 고르는 문제
		5	용법	○	5	제시된 어휘가 문장에서 가장 알맞게 쓰인 문장을 찾는 문제
	문법	6	문법 형식의 판단	○	15	괄호 안에 들어갈 가장 알맞은 문법 기능어를 찾아 문장을 완성하는 문제
		7	문장 만들기	◆	5	보기 4개를 나열하여 문장을 완성하고 ★에 들어갈 표현을 찾는 문제
		8	문장의 문법	◆	5	장문의 지문에서 공란에 들어갈 어구를 보기에서 고르는 문제
	독해	9	내용 이해(단문)	○	4	생활, 일 등 여러 화제를 포함한 설명문이나 지시문을 읽고 내용을 이해했는가를 묻는 문제
		10	내용 이해(중문)	○	4	평론, 해설, 에세이 등을 읽고, 인과관계나 이유, 개요, 필자의 생각을 묻는 문제
		11	정보 검색	◆	2	광고, 팸플릿, 정보지, 비즈니스 문서 등의 글에서 필요한 정보를 찾아내는 문제
청해 (35분)		1	과제 이해	◇	8	구체적인 과제 해결에 필요한 정보를 듣고 내용을 이해했는가를 묻는 문제
		2	포인트 이해	◇	7	내용을 듣고 포인트를 파악하는 문제
		3	발화 표현	◆	5	그림을 보면서 상황 설명을 듣고 적절한 표현을 고르는 문제
		4	즉시 응답	◆	8	질문 등의 짧은 발화를 듣고 적절한 응답을 선택할 수 있는가를 묻는 문제

◆ : 기존 시험에서는 출제되지 않았던 새로운 문제 형식
◇ : 기존 시험의 문제 형식을 유지하나 형식이 부분적으로 변경된 문제 형식
○ : 기존 시험에서도 출제된 문제 형식

N5 모의테스트 1회

言語知識（文字·語彙、文法）、読解
(120点・80分)

注意

1．試験開始の合図があるまで、この問題用紙を開けないでください。

2．この問題用紙を持ち帰ることはできません。

3．受験番号と名前を下の欄に、はっきりと書いてください。

4．この問題用紙は、全部で19ページあります。

受験番号	
名前	

もんだい1　＿＿＿＿＿の　ことばは　ひらがなで　どう　かきますか。1・2・3・4から　いちばん　いい　ものを　ひとつ　えらんで　ください。

1　こんげつの　十日が　わたしの　たんじょうびです。

　　1　いつか　　　　2　じゅうにち　　3　とおか　　　　4　とうか

2　にほんに　3年間　いましたが、まだ　にほんごは　よく　わかりません。

　　1　ねんがん　　　2　ねんかん　　　3　としがん　　　4　としかん

3　きのうの　新聞が　みえないですね。

　　1　しんむん　　　2　しんもん　　　3　しんぼん　　　4　しんぶん

4　よく　はれて　いい　天気ですね。

　　1　てんき　　　　2　でんき　　　　3　てんぎ　　　　4　でんぎ

5　子どもは　そとで　あそんで　います。

　　1　ごども　　　　2　こども　　　　3　しども　　　　4　おども

6　まいしゅう　ともだちと　いっしょに　山へ　いきます。

　　1　ざん　　　　　2　さん　　　　　3　やま　　　　　4　そら

| 7 | 左の　かたが　えいごの　せんせいです。

　　1　ひだり　　　　2　ひたり　　　　3　みぎ　　　　4　みき

| 8 | 二人は　にほんじんで、さんにんは　アメリカじんです。

　　1　ひとり　　　　2　ひどり　　　　3　ふだり　　　　4　ふたり

| 9 | 日本人は　みんな　目が　くろいです。

　　1　くち　　　　2　みみ　　　　3　め　　　　4　はな

| 10 | お金は　いくら　もって　いますか。

　　1　おかね　　　　2　おきん　　　　3　おがね　　　　4　おぎん

| 11 | この　ほんに　かいて　あるのは　何語ですか。

　　1　なんこ　　　　2　なにこ　　　　3　なんご　　　　4　なにご

| 12 | きのう　かった　かばんを　見せて　ください。

　　1　やせて　　　　2　きせて　　　　3　みせて　　　　4　のせて

もんだい2 ＿＿＿＿＿の　ことばは　どう　かきますか。１・２・３・４から
　　　　　　いちばん　いい　ものを　ひとつ　えらんで　ください。

13　おんなの　せんせいは　めがねを　かけて　います。

　　1　弟　　　　　2　男　　　　　3　女　　　　　4　妹

14　かくものが　なくて　ともだちに　ぼーるぺんを　かしました。

　　1　ブールペン　　2　ボールペン　　3　ズールペン　　4　グールペン

15　あかい　ねくたいは　わかく　みえます。

　　1　ネケタイ　　　2　ネクタイ　　　3　ネクゼイ　　　4　カクタイ

16　ちちと　いっしょに　さんぽに　いきました。

　　1　来きました　　2　行きました　　3　是きました　　4　仕きました

17　はじめに　やまださんから　いって　ください。

　　1　話って　　　　2　語って　　　　3　言って　　　　4　述って

18　きのうも　たくさんの　あめが　ふりました。

　　1　霧　　　　　2　霜　　　　　3　雪　　　　　4　雨

19　としょかんで　ともだちと　べんきょうした。

　　1　毎だち　　　2　双だち　　　3　友だち　　　4　又だち

20　はんぶんぐらい　きって　ください。

　　1　半分　　　　2　判分　　　　3　半文　　　　4　判文

もんだい3 （　　　）に　なにを　いれますか。1・2・3・4から　いちばん　いい　ものを　ひとつ　えらんで　ください。

21 みんなで　（　　　）の　パーティーを　した。

1 おいわい　　　2 せびろ　　　　3 おてあらい　　4 おみまい

22 （　　　）を　トイレの　かべに　かけた。

1 げんかん　　　2 かがみ　　　　3 こうばん　　　　4 せっけん

23 A「しゅくだいは　いつまで　やれば　いいんですか。」
　　B「（　　　）どようびまでに　やって　ください。」

1 なるべく　　　2 ほんとうに　　3 まっすぐ　　　　4 ときどき

24 だいがくを　そつぎょうして　いまは　（　　　）を　して　います。

1 ウイスキー　　2 アルバイト　　3 カレンダー　　4 エレベーター

25 しけんに　おちた　ことは　（　　　）ですね。

1 じょうぶ　　　2 たいせつ　　　3 りっぱ　　　　　4 ざんねん

26 やまだ 「たなかさん、どうしましたか。」
　　たなか 「きのう、おそくまで　べんきょうしたので　とても　（　　　）です。」
　　　1　あぶない　　　2　うすい　　　　3　ねむい　　　　4　きたない

27 たんじょうびに　ともだちを　（　　　）しました。
　　　1　てんき　　　　2　しょうたい　　3　たまご　　　　4　だいどころ

28 この　（　　　）は　こどもに　よく　ないです。
　　　1　むこう　　　　2　ゆうべ　　　　3　ばんぐみ　　　4　でぐち

29 ともだちは　よく　べんきょうが　できる。（　　　）ハンサムだ。
　　　1　いろいろ　　　2　しかし　　　　3　たぶん　　　　4　それに

30 せんせい、（　　　）したい　ことが　ありますが。
　　　1　そうだん　　　2　かいだん　　　3　ようじ　　　　4　おおぜい

もんだい4 ＿＿＿＿＿の ぶんと だいたい おなじ いみの ぶんが あります。1・2・3・4から いちばん いい ものを ひとつ えらんで ください。

31 ごぜんちゅうは としょかんに います。

1 あさは さんぽします。

2 あさは ほんを よみます。

3 ひるは べんきょうします。

4 ひるは しけんを うけます。

32 きょうは とても さむいですね。

1 まどを あけましょう。

2 しょくどうに いきましょう。

3 くすりを のみましょう。

4 ストーブを つけましょう。

33 やまださんに ハンカチを もらいました。

1 やまださんが ハンカチを くれました。

2 やまださんに ハンカチを あげました。

3 やまださんに ハンカチを かりました。

4 やまださんに ハンカチを かしました。

34 やまださんは　30さいです。わたしは　38さいです。

1 やまださんは　やさしいです。

2 やまださんは　せが　たかいです。

3 やまださんは　わかいです。

4 やまださんは　からだが　おおきいです。

35 でぐちは　ひだりです。いりぐちは　みぎの　ほうに　あります。

1 みぎの　ほうから　でて　ください。

2 みぎの　ほうから　はいって　ください。

3 みぎの　ほうで　まって　ください。

4 みぎの　ほうで　はなして　ください。

もんだい1 （　　　）に 何を 入れますか。1・2・3・4から いちばん
いい ものを 一つ えらんで ください。

(れい) これ（　　　） えんぴつです。

　　　　1 に　　　　　2 を　　　　　3 は　　　　　4 や

(かいとうようし)　　(れい) ① ② ● ④

---

1 いもうとは いつも えんぴつ（　　　） てがみを かきます。

　　1 で　　　　　2 に　　　　　3 を　　　　　4 と

2 A「セーターは どれが いいですか。」
　　B「そうですね。あの あおい（　　　）は どうですか。」

　　1 が　　　　　2 の　　　　　3 と　　　　　4 に

3 わたしは いつも えいご（　　　） べんきょうを して います。

　　1 が　　　　　2 と　　　　　3 を　　　　　4 の

4 ほんが なくて としょかんへ かり（　　　） いきました。

　　1 に　　　　　2 へ　　　　　3 の　　　　　4 で

5 じゅぎょうは なんじ（　　　） おわりますか。

　　1 を　　　　　2 に　　　　　3 が　　　　　4 の

6 わたしは　もっと　大きい　テレビ（　　）　ほしいです。

1　を　　　　　　2　で　　　　　　3　が　　　　　　4　に

7 この　アパートは　（　　）　ありませんが、やすいです。

1　ふるく　　　　2　ふるい　　　　3　ふるいでは　　4　ふるいて

8 まいばん　おとうとは　おふろに　（　　）から　ばんごはんを　食べます。

1　はいった　　　2　はいって　　　3　はいり　　　　4　はいる

9 きょうしつでは　大きい　こえを　（　　）　ください。

1　ださないで　　　　　　　　　2　ださなくて

3　だしないで　　　　　　　　　4　だしなくて

10 きょうしつに　いすは　（　　）　ありますか。

1　なに　　　　　2　いくつ　　　　3　どれ　　　　　4　どの

11 きってが　（　　）　あります。

1　いちまい　　　2　いっぽん　　　3　いっさつ　　　4　いっそく

12 あなたは　いま、じしょを　（　　）か。

1　もって　あります　　　　　　2　もって　ください

3　もって　ありません　　　　　4　もって　います

13　なつやすみは　どこ（　　　）　いきますか。

1　から　　　　　2　でも　　　　　3　かへ　　　　　4　へも

14　A　「だれが　うみへ　いきましたか。」
　　B　「（　　　）。」

1　わたしです　　　　　　　　2　はい、うみへ　行きました
3　うみへ　行きますか　　　　4　だれが　行きます。

15　A　「ちょっと　じしょを　かして　くださいませんか。」
　　B　「（　　　）。」

1　はい、かしました　　　　　2　はい、かえして　ください
3　はい、いいですよ　　　　　4　はい、かして　ください

16　やまだ　「サチコさんは　こないですか。」
　　たなか　「いいえ、（　　　）よ。」

1　まだ　来ないです　　　　　2　もう　すぐ　来ます
3　たぶん　来ないでしょう　　　4　もう　来ます

もんだい2 　★　に　入る　ものは　どれですか。1・2・3・4から　いち
ばん　いい　ものを　一つ　えらんで　ください。

（もんだいれい）　A「＿＿＿＿　＿＿＿＿　_★_　＿＿＿＿　か。」

　　　　　　　　　B「山田さんです。」

　　　　　　　　　1　です　　　　2　は　　　　　3　あの人　　4　だれ

（こたえかた）

1. ただしい　文を　つくります。

A「＿＿＿＿　＿＿＿＿　_★_　＿＿＿＿　か。」
　　1　あの人　2　は　　3　だれ　4　です
B「山田さんです。」

2. 　★　に　入る　ばんごうを　くろく　ぬります。

　　　　　（かいとうようし）　　（れい）　①　②　③　●

17　A「ユキコは　3しゅうかん　＿＿＿＿　＿＿＿＿　_★_　＿＿＿＿　そうです。」

　　B「それは　うらやましいですね。」

　　1　行く　　　　　　　2　アメリカ　　　3　へ　　　　　　　4　も

18 わたしの ＿＿＿ ＿＿＿ ★ ＿＿＿ かわが あります。

1 ちかく　　　　2 いえの　　　　3 おおきな　　4 に

19 さとうさんは　たなかさん ＿＿＿ ＿＿＿ ★ ＿＿＿ かしました。

1 に　　　　　　2 を　　　　　　3 くるま　　　4 あたらしい

20 かばんから ＿＿＿ ＿＿＿ ★ ＿＿＿ じゅんびを　した。

1 じゅぎょうの 2 だして　　　3 ほんや　　　4 じしょを

21 ごご　3じ ＿＿＿ ＿＿＿ ★ ＿＿＿ おわって　いません。

1 から　　　　　2 えいがは　　3 まだ　　　　4 はじまった

もんだい3　[22]から　[26]に　何を　入れますか。ぶんしょうの　いみを　かんがえて、1・2・3・4から　いちばん　いい　ものを　一つえらんで　ください。

がっこうの　どうぶつたち

　エマは　12さいです。アメリカで　うまれましたが、今は　かぞくと　いっしょに　なごやに　すんで　います。ちちおやが　そこで　くるまの　かいしゃに　つとめて　いるからです。

　がっこうに　はいった　とき、エマは　にほんごが　あまり　わかりませんでした。はじめの　ひ、ある　せいとが　ひるやすみの　ときに　えいごで　エマに　[22]。かのじょの　なまえは　さちこで、エマの　いちばんの　ともだちに　なりました。

　エマは　どうぶつが　すきですが、かのじょの　かぞくは　アパートに　[23]、いえでは　ぺっとを　かう　ことが　できません。がっこうでは　さかな、とり、うさぎ、[24]　はむすたーを　かって　いたので、エマは　うれしく　なりました。ある　ひ、せんせいが　エマと　さちこに　「がっこうが　おわった　あとに　どうぶつたちの　せわを　して　くれる　ひとが　ひつようなんだ」と　いいました。エマと　さちこは、「わたしたちが　それを　[25]！」と　いいました。

　つぎの　ひ、ふたりの　おんなの　こは　がっこうが　おわった　あと、どうぶつたちに　えさを　やりました。さちこは　エマに　「なんの　どうぶつが　いちばん　すきなの？」と　ききました。エマは　わらいながら、「そうね、うさぎが　だいすきだわ。」と　[26]。

22

1　はなしかけて　いきます　　　2　はなしかけて　きます

3　はなしかけて　いきました　　4　はなしかけて　きました

23

1　すんで　いるので　　　　　　2　すんで　いないので

3　やって　いるので　　　　　　4　やって　いないので

24

1　それで　　　　2　そして　　　3　あまり　　　4　しかし

25

1　ひつようです　　　　　　　　2　うります

3　やります　　　　　　　　　　4　たべます

26

1　ききました　　　　　　　　　2　こたえました

3　おしえました　　　　　　　　4　ならいました

もんだい4　つぎの　ぶんを　読んで　しつもんに　こたえて　ください。こ
　　　　　　たえは　1・2・3・4から　いちばん　いい　ものを　一つ
　　　　　　えらんで　ください。

(1)

　さちこと　ともだちの　あきこは　きょう、ぴくにっくに　いきました。さち
こは　さんどいっちと　じゅーすを　もって　きて、あきこは　くっきーを　も
って　きました。さちこと　あきこは　とても　たのしみました。

27　さちこは　なにを　する　ことが　すきですか。

　　1　りょうりを　する　こと

　　2　ともだちと　あそぶ　こと

　　3　ともだちを　いえに　しょうたいする　こと

　　4　いえで　べんきょうする　こと

(2)

> 　わたしの　だいすきな　かしゅが　らいげつ、　こんさーとを　します。　おとうさんと
> いっしょに　いきます。　　わたしは　その　かしゅの　CDを　たくさん　もって　い
> て、　よく　それを　ききます。

28　この　人は　らいげつに　なにを　しますか。

　1　ちちおやの　てつだいを　する。

　2　CDを　かう。

　3　こんさーとへ　行く。

　4　かしゅと　うたう。

(3)

> 　かずおは　学校の　さっかーちーむに　はいって　います。ふつうは　まい
> しゅう　げつようびと　かようびに　れんしゅうを　します。でも、こんしゅう
> は、どようびに　たいせつな　しあいが　あるので、まいにち　れんしゅうを
> します。

29　かずおの　しあいは　いつ　ありますか。

　1　げつようび　　　　　　　　　　2　すいようび

　3　どようび　　　　　　　　　　　4　にちようび

もんだい5　つぎの　ぶんを　読んで、しつもんに　こたえて　ください。
　　　　　こたえは　1・2・3・4から　いちばん　いい　ものを　一つ
　　　　　えらんで　ください。

　私は　くにで　1ねんかん　にほんごを　べんきょうしました。せんせいは
にほんじんで、にほんごだけじゃ　なくて、おちゃも　おしえて　くださいまし
た。それで、私は　にほんの　ぶんかが　好きに　なって、にほんへ　りゅうが
くする　ことに　きめました。
　にほんに　きて　6かげつに　なります。いまは　にほんごの　べんきょうを
つづけながら、きものの　きかたを　ならって　います。きものを　きて　おち
ゃを　のんだら、にほんじんの　心が　わかるかも　しれないからです。ひとり
で　きものを　きるのは　むずかしいです。でも、はやく　じょうずに　きられ
るように　なりたいです。

30　この　ひとは　にほんの　なにが　すきですか。

　　1　にほんの　れきし

　　2　にほんの　たべもの

　　3　にほんの　ぶんか

　　4　にほんの　のみもの

31　なぜ　きものの　きかたを　ならって　いますか。

　　1　きものを　たくさん　かいたい　ために

　　2　にほんじんの　こころを　りかいする　ために

　　3　にほんごを　べんきょうする　ために

　　4　がっこうで　おしえる　ために

もんだい6 みぎの 表は 「大学の 入学の じょうけん」です。つぎの
ぶんを 読んで、しつもんに こたえて ください。こたえは
1・2・3・4から いちばん いい ものを 一つ えらんで
ください。

　おとこの ひとの たなかさんは こどもの とき、ちゅうごくに ５ねんか
ん すんだ ことが あるので ちゅうごくごが じょうずです。それに、ちゅ
うがくの ときから ずっと てにすを やって、しあいで ２位を した こ
とも あります。でも てすとの てんすうは ６０てんです。

32 たなかさんが はいる ことが できる 大学は どれですか。

1 日本大学と 日本けいざい大学

2 日本大学と 日本けいざい大学と めいじぶんか大学

3 とうきょう大学と 日本けいざい大学と 日本じょし大学

4 とうきょう大学と 日本けいざい大学

大学	入学　じょうけん （ぜんぶ　あう　ひと）
日本大学	ちゅうごくじん てすとは　かんけい　なし スポーツの　しあいで　かった　ことが　ある　ひと
とうきょう大学	ちゅうごくごの　生活かいわが　できる　ひと てすとは　かんけい　なし スポーツの　しあいで　かった　ことが　ある　ひと
めいじぶんか大学	えいごが　できる　ひと てすとの　てんすうは　７０てん　以上 ちゅうごくごが　できる　ひと
日本じどうしゃ大学	ちゅうごくごの　生活かいわが　できる　ひと てすとの　てんすうは　７０てん　以上 スポーツの　しあいで　１位を　した　ひと
日本けいざい大学	がいこくごは　かんけい　なし てすとは　かんけい　なし スポーツの　しあいで　３位　以上の　ひと
日本じょし大学	ちゅうごくごの　生活かいわが　できる　ひと てすとは　かんけい　なし おんなの　ひとだけ
おちゃのま大学	えいごが　できる　ひと てすとは　かんけい　なし スポーツの　しあいで　１位を　した　ひと

N5 모의테스트 1회

聴解

(60点・30分)

1. 試験開始の合図があるまで、この問題用紙を開けないでください。

2. この問題用紙を持ち帰ることはできません。

3. 受験番号と名前を下の欄に、はっきりと書いてください。

4. この問題用紙は、全部で14ページあります。

受験番号	
名前	

もんだい1

もんだい１では　はじめに、しつもんを　きいて　ください。それから　はなしを　きいて、もんだいようしの　１から４の　なかから、いちばん　いいものを　ひとつ　えらんで　ください。

れい

1　火よう日
2　水よう日
3　木よう日
4　金よう日

1 ばん

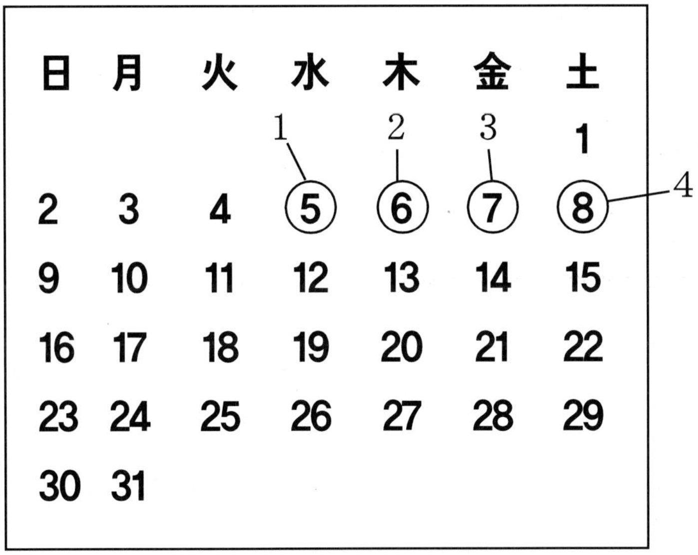

2 ばん

1 手紙(てがみ)を　書(か)く

2 カレーの　店(みせ)へ　行(い)く

3 郵便局(ゆうびんきょく)へ　行(い)く

4 天(てん)ぷらの　店(みせ)へ　行(い)く

3 ばん

1 女の 人に あやまる
2 女の 人の 家へ 行く
3 女の 人から 電話を もらう
4 女の 人に 電話を かける

4 ばん

1 りょこうに 行く
2 国へ 帰る
3 べんきょうする
4 アルバイトを する

5 ばん

1 長<ruby>な<rt>が</rt></ruby>くて　青<ruby>あお<rt></rt></ruby>い　ペン
2 短くて　青い　ペン
3 長くて　黒い　ペン
4 短くて　黒い　ペン

6 ばん

1 12時
2 1時
3 2時
4 3時

7 ばん

1 じしょ

2 テキスト

3 自分の　ノート

4 友だちの　ノート

もんだい2

もんだい２では、はじめに　しつもんを　きいて　ください。それから　はなしを　きいて、もんだいようしの　１から４の　なかから、いちばん　いいものを　ひとつ　えらんで　ください。

れい

1　すぎもとさん

2　すぎもとさんの　母親(ははおや)

3　すぎもとさんの　父親(ちちおや)

4　すぎもとさんの　友(とも)だち

1 ばん

2 ばん

3 ばん

1 やまだの　いえ

2 テニスクラブ

3 おばの　いえ

4 えいがかん

4 ばん

1 学校に　こなかった

2 じゅぎょうを　うけなかった

3 しゅくだいを　やらなかった

4 じしょを　わすれた

5 ばん

1 今日の　天気

2 家の　にわ

3 だいすきな　花

4 家の　近くに　ある　公園

6 ばん

1 水よう日

2 木よう日

3 金よう日

4 土よう日

もんだい3

もんだい３では、えを　みながら　しつもんを　きいて　ください。やじる
し(→)の　ひとは　なんと　いいますか。１から３の　なかから、いちばん
いいものを　ひとつ　えらんで　ください。

れい

1 ばん

2 ばん

3 ばん

4 ばん

5 ばん

もんだい4

もんだい４には、えなどが　ありません。ぶんを　きいて、１から３の
なかから、いちばん　いいものを　ひとつ　えらんで　ください。

ー メ モ ー

N5 모의테스트 2 회

言語知識(文字·語彙、文法)、読解

(120点・80分)

注意

1．試験開始の合図があるまで、この問題用紙を開けないでください。

2．この問題用紙を持ち帰ることはできません。

3．受験番号と名前を下の欄に、はっきりと書いてください。

4．この問題用紙は、全部で19ページあります。

受験番号	
名前	

もんだい1 ＿＿＿＿＿の　ことばは　ひらがなで　どう　かきますか。1・2・3・4から　いちばん　いい　ものを　ひとつ　えらんで　ください。

1 今月は　しごとを　やすみます。

1 ごんげつ　　　2 こんけつ　　　3 こんげつ　　　4 こんがつ

2 かばんが　四つ　おいて　ありました。

1 みっつ　　　　2 よっつ　　　　3 よんつ　　　　4 よつ

3 ともだちは　外国で　うまれた。

1 がいこく　　　2 かいごく　　　3 かいこく　　　4 がいごく

4 しつもんが　ある　ひとは　手を　あげて　ください。

1 で　　　　　　2 て　　　　　　3 あし　　　　　4 あじ

5 木の　したに　おおきい　いしが　あった。

1 もく　　　　　2 ぼく　　　　　3 ぎ　　　　　　4 き

6 一分ほど　まって　ください。

1 いちふん　　　2 いっぷん　　　3 いちぶん　　　4 いつぶん

7 きょうじゅは　せかいてきに　<u>有名</u>な　ひとです。

　　1　ゆうめい　　　2　ゆめい　　　　3　ゆうべい　　　4　ゆべい

8 とても　<u>小さい</u>　くるまが　わたしの　まえに　とまった。

　　1　すくさい　　　2　すこさい　　　3　ちさい　　　　4　ちいさい

9 この　もんだいが　できる　ひとは　<u>何人</u>ですか。

　　1　なんじん　　　2　なにじん　　　3　なんにん　　　4　なんびと

10 <u>銀行</u>の　まえに　おおきな　デパートが　あります。

　　1　きんこう　　　2　ぎんこう　　　3　きんごう　　　4　ぎんごう

11 ひこうきが　<u>空を</u>　とんで　います。

　　1　いわ　　　　　2　たま　　　　　3　まど　　　　　4　そら

12 <u>毎日</u>　えいごの　べんきょうを　して　います。

　　1　まいにち　　　2　まいび　　　　3　まいひ　　　　4　まいいつ

もんだい2　______の　ことばは　どう　かきますか。1・2・3・4から
　　　　　　いちばん　いい　ものを　ひとつ　えらんで　ください。

13　まちの　にしに　おおきい　かわが　あります。

　　1　山　　　　　　2　川　　　　　　3　三　　　　　　4　田

14　ひまな　ときは　ラジオを　ききます。

　　1　聞きます　　　2　問きます　　　3　開きます　　　4　闇きます

15　かようびに　がっこうで　てすとが　あります。

　　1　木よう日　　　2　水よう日　　　3　火よう日　　　4　金よう日

16　あたらしい　こんぴゅーたーが　でたので　かいに　いった。

　　1　親しい　　　　2　新しい　　　　3　祈しい　　　　4　祈しい

17　びょういんは　どうして　しろいでしょうか。

　　1　黒い　　　　　2　黙い　　　　　3　百い　　　　　4　白い

18　らじかせを　たんじょうびの　ぷれぜんとで　もらった。

　　1　ラジカセ　　　2　ラジクセ　　　3　ラヅカセ　　　4　フジカセ

19　むいかは　がっこうの　やすみです。

　　1　四日　　　　　2　八日　　　　　3　六日　　　　　4　七日

20　これは　ないふが　ないと　たべられない。

　　1　メイワ　　　　2　メイフ　　　　3　ナイワ　　　　4　ナイフ

もんだい3 （　　　）に　なにを　いれますか。1・2・3・4から　いちば
　　　　　ん　いい　ものを　ひとつ　えらんで　ください。

21 ここで　しゃしんを　（　　　）　いいですか。

　　1　もっても　　　2　とっても　　　3　かっても　　　4　うっても

22 いつも　あさ　6じに　（　　　）。

　　1　やせます　　　2　まけます　　　3　おきます　　　4　はらいます

23 A「すみません。ここは　なんじまでですか。」
　　B「8じに　みせを　（　　　）。」

　　1　しめます　　　2　のこります　　3　おします　　　4　きえます

24 この　まちは　ひるでも　ちょっと　（　　　）です。

　　1　あかい　　　　2　くらい　　　　3　あつい　　　　4　かるい

25 にんげんは　ひとりでは　（　　　）ことが　できない。

　　1　とぶ　　　　　2　よぶ　　　　　3　ふく　　　　　4　はく

26 やまだ 「とうきょうまで　どの　くらいですか。」

たなか 「あと　4（　　　）です。」

1 レコード　　　2 フォーク　　　3 ページ　　　　4 キロ

27 いなかへ　かえる　ために　しんかんせんの　（　　　）を　かった。

1 ようふく　　　2 きっぷ　　　3 やおや　　　4 めがね

28 きのうも　（　　　）　けっせきしましたか。

1 いつも　　　2 すこし　　　3 たいてい　　　4 また

29 おととし　（　　　）して　いまは　こどもが　います。

1 ふうとう　　　2 ふろ　　　3 けっこん　　　4 ほんだな

30 つくえは　おもったより　（　　　）だった。

1 しずか　　　2 じょうぶ　　　3 じょうず　　　4 にぎやか

もんだい4　　　　　　の　ぶんと　だいたい　おなじ　いみの　ぶんが　あり
　　　　ます。1・2・3・4から　いちばん　いい　ものを　ひとつ
　　　　えらんで　ください。

31 あしたは　わるい　てんきでしょう。

　　1 あしたは　ハイキングを　します。

　　2 あしたは　やきゅうを　します。

　　3 あしたは　はれるでしょう。

　　4 あしたは　あめが　ふるでしょう。

32 ごちそうさまでした。

　　1 なにか　たべました。

　　2 がっこうへ　いきました。

　　3 ケーキを　つくりました。

　　4 おふろには　いりました。

33 かれは　ぎんこうで　はたらいて　います。

　　1 かれは　ぎんこうで　おかねを　おくります。

　　2 かれは　ぎんこうに　すんで　います。

　　3 かれは　ぎんこうに　つとめて　います。

　　4 かれは　ぎんこうで　まって　います。

34 わたしは　くだものが　すきです。

1　りんごや　バナナなどが　すきです。

2　サッカーや　やきゅうなどが　すきです。

3　ビールや　ウイスキーなどが　すきです。

4　くつや　ふくなどが　すきです。

35 この　しょくどうは　まずいです。

1　この　えいがは　おもしろく　ありません。

2　この　りょうりは　やすく　ありません。

3　ここの　としょかんは　しずかでは　ありません。

4　ここの　りょうりは　おいしく　ありません。

もんだい1 （　　　）に 何_{なに}を 入_いれますか。1・2・3・4から いちばん いい ものを 一_{ひと}つ えらんで ください。

（れい） これ （　　　） えんぴつです。

1 に　　　　2 を　　　　3 は　　　　4 や

（かいとうようし）　（れい）① ② ● ④

---

1 A「きっては なんまい いりますか。」

B「1まい （　　　） かって ください。」

1 まで　　　　2 から　　　　3 だけ　　　　4 しか

2 おかねは あまり ないです （　　　）、かいました。

1 が　　　　2 でも　　　　3 と　　　　4 から

3 せんせいが いつ くる （　　　） わかりません。

1 が　　　　2 か　　　　3 に　　　　4 を

4 りんごと すいかを かいました。ぜんぶ （　　　） 1000円_{えん}でした。

1 は　　　　2 の　　　　3 も　　　　4 で

5 こんしゅうは どようび （　　　） にちようびも ひまです。

1 を　　　　2 も　　　　3 は　　　　4 で

6 あめ（　　）せんせいに　かさを　かりました。

1 に　　　　　2 から　　　　　3 で　　　　　4 が

7 きょう（　　）あしたまでは　やすみです。

1 から　　　　　2 と　　　　　3 が　　　　　4 に

8 わたしが　きのう　（　　　）シャツは　どこに　ありますか。

1 かう　　　　　2 かって　　　　　3 かわない　　　　　4 かった

9 へやが　くらいから、でんきを　（　　　）。

1 つけないで　ください

2 つけて　ください

3 つけないで　くださいませんか

4 つけて　くださいます

10 この　まちは　にぎやか（　　）　ゆうめいな　ところです。

1 で　　　　　2 だ　　　　　3 に　　　　　4 と

11 おんがくを　（　　　）ながら、べんきょうします。

1 きく　　　　　2 きいた　　　　　3 きいて　　　　　4 きき

12 その　ホテルは　（　　）　きれいでは　ありません。

1　いくつ　　　　2　あまり　　　　3　どんな　　　　4　いくら

13 にちようびは　いつ（　　）　いいです。

1　にも　　　　　2　も　　　　　　3　へも　　　　　4　でも

14 すみません、えきの　いりぐちは　（　　）　ですか。

1　どちら　　　　2　なん　　　　　3　なに　　　　　4　どの

15 A「どうぞ、へやに　はいって　ください。」
　 B「では、（　　）。」

1　しつれいです　　　　　　　　2　しつれいします

3　しつれいでした　　　　　　　4　しつれいしました

16 A「コーヒーは　いかがですか。」
　 B「（　　）。」

1　いただきます　　　　　　　　2　どういたしまして

3　こちらこそ　　　　　　　　　4　いらっしゃいませ

もんだい2　＿★＿に　入る　ものは　どれですか。1・2・3・4から　いち
ばん　いい　ものを　一つ　えらんで　ください。

（もんだいれい）　A「＿＿＿＿　＿＿＿＿　＿★＿　＿＿＿＿　か。」
　　　　　　　　　B「山田さんです。」
　　　　　　　　　1　です　　　　2　は　　　　　3　あの人　　4　だれ

（こたえかた）

1. ただしい　文を　つくります。

A「＿＿＿＿　＿＿＿＿　＿★＿　＿＿＿＿　か。」
　　1　あの人　2　は　　3　だれ　4　です
B「山田さんです。」

2. ＿★＿　に　入る　ばんごうを　くろく　ぬります。

　　　　（かいとうようし）　（れい）① ② ③ ●

17　A「サチコ、おばあちゃんが　＿＿＿＿　＿＿＿＿　＿★＿　＿＿＿＿　してね。」
　　B「はい、おとうさん。」
　　1　しずかに　　　2　いるから　　　3　らじおを　　　4　きいて

18 おさらを ＿＿＿ ＿＿＿ ＿★＿ ＿＿＿ ないですよ。

1 いる　　　　　2 じかんは　　　3 あらって　　　4 ぜんぜん

19 わたし ＿＿＿ ＿＿＿ ＿★＿ ＿＿＿ じゅうがつ　いつかです。

1 おばあさんの　　　　　　　2 は

3 たんじょうび　　　　　　　4 の

20 いつも　あさ ＿＿＿ ＿＿＿ ＿★＿ ＿＿＿ を　よみません。

1 は　　　　　　2 いそがしい　　3 しんぶん　　4 から

21 7じに ＿＿＿ ＿＿＿ ＿★＿ ＿＿＿ に　いきます。

1 でて　　　　　2 いえ　　　　3 を　　　　　　4 しごと

もんだい3　22　から　26　に　何_{なに}を　入_いれますか。ぶんしょうの　いみを　かんがえて、1・2・3・4から　いちばん　いい　ものを　一_{ひと}つ　えらんで　ください。

カンプンさんと　ジョンさんは　あした　じこしょうかいを　します。ふたりは　じこしょうかいの　ぶんしょうを　かきました。

(1)

みなさん、こんにちは。わたしは　カンプンです。インドネシアから　きました。きょうから　この　こうじょうで　みなさんと　いっしょに　けんしゅうします。インドネシアの　だいがくで　ぶんがくを　22　、この　こうじょうに　ある　きかいは　みた　ことが　ありません。これから　いっしょうけんめい　きかいの　23　を　おぼえたいです。みなさん、よろしく　おねがいします。

(2)

みなさん、こんにちは。わたしは　アメリカから　きた　ジョンです。アメリカで　1ねんかん　にほんごを　べんきょうしましたが、かんじは　よく　わかりません。24　いっしょうけんめい　おぼえたいと　おもいます。わたしの　25　は、アメリカで　にほんりょうりの　みせを　つくる　ことです。アメリカには　にほんりょうりの　みせが　26　、とても　にんきが　あります。どうぞ　よろしく　おねがいします。

1 べんきょうしましたのに　　2 べんきょうしますのに

3 べんきょうしましたので　　4 べんきょうしますので

23

1 つかいかた　　2 ねだん　　3 いろ　　4 かたち

24

1 これでも　　2 これから　　3 これまで　　4 このように

25

1 べんきょう　　2 しゅみ　　3 おぼえ　　4 ゆめ

26

1 あまり　なくて　　2 たくさん　あって

3 たいへんなので　　4 そんなに　なくて

もんだい4　つぎの　ぶんを　読んで、しつもんに　こたえて　ください。
　　　　　こたえは　1・2・3・4から　いちばん　いい　ものを　一つ
　　　　　えらんで　ください。

(1)

さちこと　かずおは　こんばん　れすとらんへ　いく　よていです。かずおは
おそくまで　しごとを　するので　さちこが　えきで　かずおを　まちます。

27　さちこは　どうして　かずおを　まちますか。

1　いっしょに　家に　かえるため

2　しょくじを　しに　いくため

3　かのじょの　家に　いくため

4　かずおの　家に　いくため

(2)

> えりかの　おばあさんが　あした　やって　くるので、えりかと　えりかの
> おとうとは　家の　そうじを　しました。えりかは　そふぁーの　したで、とけ
> いを　みつけました。それは　おとうさんの　とけいでした。

28 えりかは　だれの　とけいを　みつけましたか。

　　1　ちちおやの　とけい

　　2　おとうとの　とけい

　　3　おばあさんの　とけい

　　4　じぶんの　とけい

(3)

> わたしは　せんしゅうの　にちようび、うみへ　いきました。ともだちは　お
> よぎに　いって、なんにんかは　ぼーとに　のりました。わたしは　およげない
> ので、ほんを　よみました。

29 これを　かいた　ひとは　うみで　なにを　しましたか。

　　1　およぎに　いった。

　　2　ぼーとに　のった。

　　3　水あそびを　した。

　　4　ほんを　よんだ。

もんだい5　つぎの　ぶんを　読んで、しつもんに　こたえて　ください。
　　　　　こたえは　1・2・3・4から　いちばん　いい　ものを　一つ
　　　　　えらんで　ください。

　やまださんには　いろんな　ともだちが　います。さちこさんは　すいえいが
よく　できます。おかもとさんは　ちゅうごくごが　とても　じょうずです。か
しゅが　ゆめの　たなかさんは　いろんな　歌を　知って　います。やまださん
も　こどもの　とき、アメリカに　5ねんかん　すんだ　ことが　あるので　え
いごが　できます。それで　やまださんは　ともだちから　たくさんの　ことを
ならったりも　しますが、じぶんが　えいごを　おしえる　ときも　あります。
　えいごの　てすとが　ある　ときは、やまださんが　せんせいに　なります。
プールに　行く　ひは　さちこさんに　いろいろ　おしえて　もらいます。やま
ださんは　こんな　ともだちが　いる　ことを　しあわせに　おもって　いま
す。これから　もっと　としを　とっても　なかよく　やって　いこうと　とも
どちと　やくそくを　しました。

30　やまださんは　ともだちに　どんな　ことを　して　いますか。

1　すいえいを　おしえて　いる。

2　ちゅうごくごを　おしえて　いる。

3　えいごを　おしえて　いる。

4　うたを　おしえて　いる。

31　やまださんは　どうして　しあわせに　おもって　いますか。

1　えいごが　できるように　なったから

2　いろんな　ともだちが　いるから

3　ともだちと　けんかしないから

4　ともだちと　プールへ　いくから

もんだい6　みぎの　ページの　表は　「けいたいでんわの　料金　プラン」
　　　　　です。つぎの　ぶんしょうを　読んで、しつもんに　こたえて
　　　　　ください。こたえは　1・2・3・4から　いちばん　いい　も
　　　　　のを　一つ　えらんで　ください。

　　さちこさんは　いっかげつに　けいたいでんわを　4せんえんぐらい　つかい
ます。その　なかで、メールの　料金は　2500えんぐらいです。でんわは
あまり　かけませんが、つき　100ぷんぐらいは　かけたいです。

32　さちこさんに　いちばん　いい　プランは　どれですか。
　　　1　がんばれ1
　　　2　がんばれ2
　　　3　がんばれ3
　　　4　がんばれ4

けいたいでんわの　料金（りょうきん）　プラン

プラン	じょうけん
がんばれ 1	☎ まいつき　１００分　無料（むりょう）— ２０００円 （メール　２５００円分　無料）
がんばれ 2	☎ まいつき　１００分　無料 — １０００円 （メール　５００円分　無料 　　　　　２５００円分　以上は　２０００円　はらう）
がんばれ 3	☎ まいつき　２００分　無料 — ３０００円 （メール　２５００円分　無料）
がんばれ 4	☎ まいつき　３００分　無料 — ２５００円 （メール　２５００円分　無料）

N5 모의테스트 2회

聴解
(60点・30分)

1. 試験開始の合図があるまで、この問題用紙を開けないでください。

2. この問題用紙を持ち帰ることはできません。

3. 受験番号と名前を下の欄に、はっきりと書いてください。

4. この問題用紙は、全部で12ページあります。

受験番号	
名前	

もんだい1

もんだい1では　はじめに、しつもんを　きいて　ください。それから　はなしを　きいて、もんだいようしの　1から4の　なかから、いちばん　いいものを　ひとつ　えらんで　ください。

1 ばん

1　ほかの　料理に　変えれば　飲める

2　もともと　定食に　ついて　いるので、何も　しなくても　飲める

3　定食の　ねだんに　１００円　足せば　飲める

4　この　店では　飲めない

2 ばん

1　土よう日の　　ごぜんちゅう

2　土よう日の　　ごご

3　日よう日の　　ごぜんちゅう

4　日よう日の　　ごご

3 ばん

1　5 時前

2　5 時ちょうど

3　5 時すぎ

4　5 時半頃

4 ばん

1 ドレスが　セールである　こと

2 セールが　終わった　こと

3 ドレスが　ない　こと

4 セールが　明日　始まる　こと

5 ばん

1 会社で　英語の　じゅぎょうを　受け始める

2 べつの　会社に　入る

3 外国で　はたらく

4 英語の　学校へ　行く

6 ばん

1 本

2 万年筆

3 くつ

4 万年筆と　本

7 ばん

1 水よう日

2 木よう日

3 金よう日

4 土よう日

もんだい2

もんだい２では　はじめに、しつもんを　きいて　ください。それから　はなしを　きいて、もんだいようしの　１から４の　なかから、いちばん　いいものを　ひとつ　えらんで　ください。

1 ばん

2 ばん

3 ばん

1　1階

2　2階

3　3階

4　4階

4 ばん

1 インドへ　行<ruby>い</ruby>った

2 ハワイへ　行<ruby>い</ruby>った

3 韓国<ruby>かんこく</ruby>へ　行<ruby>い</ruby>った

4 カレーを　ならった

5 ばん

1 自分<ruby>じぶん</ruby>の　しゃしん

2 ペット

3 あたらしい　カメラ

4 家<ruby>いえ</ruby>の　近<ruby>ちか</ruby>くの　どうぶつえん

6 ばん

1 お母さんが　ケーキを　つくって　くれたから
2 女の　子が　ケーキを　つくって　くれたから
3 りょうしんが　時計を　くれたから
4 女の　子が　プレゼントを　くれたから

もんだい3

もんだい３では、えを　みながら　しつもんを　きいて　ください。やじる
し(→)の　ひとは　なんと　いいますか。１から３の　なかから、いちばん
いいものを　ひとつ　えらんで　ください。

1 ばん

2 ばん

3 ばん

4 ばん

5 ばん

もんだい4

もんだい４では、えなどが　ありません。ぶんを　きいて、１から３の
なかから、いちばん　いいものを　ひとつ　えらんで　ください。

― メ モ ―

N4 모의테스트 1회

言語知識(文字·語彙、文法)、 読解

(120点・95分)

１．試験開始の合図があるまで、 この問題用紙を開けないでください。

２．この問題用紙を持ち帰ることはできません。

３．受験番号と名前を下の欄に、 はっきりと書いてください。

４．この問題用紙は、 全部で23ページあります。

受験番号	
名前	

もんだい1 ＿＿＿＿＿の ことばは ひらがなで どう かきますか。1・
2・3・4から いちばん いい ものを ひとつ えらんで
ください。

1 将来の 夢は 何ですか。

1 そうらい　　2 しょらい　　3 しょうらい　4 そらい

2 いきなり 寒く なって 水道が こおって いた。

1 すいとう　　2 すいどう　　3 すいと　　　4 すいとう

3 わが国の 政治は ほんとうに よく ない。

1 しょうじ　　2 しょうち　　3 せいじ　　　4 せいち

4 祖母から おこづかいを もらった。

1 そうぼ　　　2 そぼ　　　　3 そうほ　　　4 そほ

5 先生、専攻に ついて 相談したい ことが あります。

1 そうだん　　2 そうたん　　3 しょうだん　4 しょうたん

6 ここに　ある　ものは　<u>触る</u>と　危ないです。

1 もどる　　　　2 さわる　　　　3 うえる　　　　4 つれる

7 テレビが　<u>壊れて</u>　見られない。

1 こわれて　　　2 たおれて　　　3 ふまれて　　　4 ゆれて

8 電車の　中は　<u>込んで</u>　いた。

1 のんで　　　　2 かんで　　　　3 しんで　　　　4 こんで

9 いつも　この　時間に　なると　<u>眠く</u>　なる。

1 あさく　　　　2 ねむく　　　　3 ひどく　　　　4 まるく

もんだい２　　_______の　ことばは　どう　かきますか。１・２・３・４か
　　　　　　ら　いちばん　いい　ものを　ひとつ　えらんで　ください。

10　この　病気の　げんいんに　ついて　けんきゅうした。

　　1　剣究　　　　　2　研究　　　　　3　件究　　　　　4　権究

11　こうはいは　東京の　こうがいに　住んで　いる。

　　1　郊外　　　　　2　効外　　　　　3　校外　　　　　4　候外

12　事故の　げんいんを　しらべた。

　　1　原因　　　　　2　源因　　　　　3　原困　　　　　4　源困

13　テレビが　こしょうして　修理に　出した。

　　1　古障　　　　　2　故障　　　　　3　古章　　　　　4　故章

14　のどが　かわいて　水を　のんだ。

　　1　軒いて　　　　2　乾いて　　　　3　軟いて　　　　4　韓いて

15　へやは　きれいに　かたづけて　ください。

　　1　方付けて　　　2　方貼けて　　　3　片貼けて　　　4　片付けて

もんだい3 （　　　）に　なにを　いれますか。1・2・3・4から　いち
　　　　　ばん　いい　ものを　ひとつ　えらんで　ください。

16 信号の　まえに　バスが　（　　）　います。

　　1 あびて　　　　2 おきて　　　　3 くもって　　　4 とまって

17 とても　（　　）　カレーが　できて　いた。

　　1 おいしい　　　2 あかるい　　　3 さむい　　　　4 あぶない

18 この　ラジオは　ほんとうに　（　　）ですね。

　　1 せまい　　　　2 わかい　　　　3 じょうぶ　　　4 にぎやか

19 この　店には　（　　）　ものが　ありますね。

　　1 だんだん　　　2 いろいろな　　3 いちばん　　　4 ぜんぶ

20 そんなに　気に　しなくても　（　　）。

　　1 けっこうです　　　　　　　2 まだです

　　3 そうです　　　　　　　　　4 たぶんです

21 こんや、山田さんの　たんじょうびの　（　　　）が　あります。

1 ウイスキー　2 バイオリン　3 ハイキング　4 パーティー

22 父が　なくなったのは　（　　　）でした。

1 おととし　　　2 らいげつ　　　3 こんや　　　　4 あさって

23 駅を　（　　　）　右に　まがって　ください。

1 しめて　　　　2 はれて　　　　3 でて　　　　　4 みがいて

24 私は　朝　（　　　）と　いつも　コーヒーを　飲みます。

1 ふく　　　　　2 おきる　　　　3 わたる　　　　4 つける

25 すみません。むすこの　ことは　よろしく　（　　　）。

1 おねがいします　　　　　　2 いらっしゃい

3 おげんけで　　　　　　　　4 しつれいしました

もんだい4 ＿＿＿＿＿の　ぶんと　だいたい　おなじ　いみの　ぶんが　あ
ります。1・2・3・4から　いちばん　いい　ものを　ひと
つ　えらんで　ください。

26 らいしゅうは　ひえるそうです。

　　1 らいしゅうは　さむく　なるでしょう。

　　2 らいしゅうは　あつく　なるでしょう。

　　3 らいしゅうは　くもるでしょう。

　　4 らいしゅうは　はれるでしょう。

27 やまださんの　かわりに　さちこさんが　来ました。

　　1 やまださんも　さちこさんも　来ませんでした。

　　2 やまださんも　さちこさんも　来ました。

　　3 やまださんは　来ましたが、さちこさんは　来ませんでした。

　　4 さちこさんは　来ましたが、やまださんは　来ませんでした。

28 きょうは　かようびです。どようびまでに　もって　来て　ください。

　　1 きんようびまでに　しなければ　なりません。

　　2 すいようびに　もって　いっては　だめです。

　　3 もくようびに　もって　いっても　いいです。

　　4 どようびだけ　出す　ことが　できます。

29 この　国を　りょこうするのは　きけんです。

1 この　国は　めずらしいです。

2 この　国は　あぶないです。

3 この　国は　うるさいです。

4 この　国は　あんぜんです。

30 先生の　話は　よく　きこえません。

1 先生の　話は　つまらないです。

2 先生の　話は　おもしろいです。

3 先生の　こえは　ちいさいです。

4 先生の　こえは　おおきいです。

もんだい5　つぎの　ことばの　つかいかたで　いちばん　いい　ものを
　　　　　　１・２・３・４から　ひとつ　えらんで　ください。

31 したく

　1　しょくじの　したくは　もう　できました。

　2　あなたには　何の　したくは　ありません。

　3　火の　あつかいには　いつも　したくして　ください。

　4　弟は　どうぶつに　したくを　持って　いる。

32 うまい

　1　先生の　うまい　話を　聞いて　なきました。

　2　かのじょは　起きたばかりで　まだ　うまいようだ。

　3　わたしは　ピアノが　うまく　ありません。

　4　へやの　中は　うまい　あつさだ。

33 おかげさまで

　1　先生の　おかげさまで　しけんに　ごうかくしました。

　2　友だちの　おかげさまで　せんぱいに　しかられた。

　3　A「おげんですか。」

　　　B「ええ、おかげさまで。」

　4　いつも　おかげさまで　がんばって　います。

34 だめ

1 しごとが　いそがしくて　<u>だめ</u>な　時間が　少ない。

2 あしたは　<u>だめ</u>です。よていが　あります。

3 てんいんが　<u>だめ</u>に　おしえて　くれました。

4 そとで　<u>だめ</u>な　おとが　した。

35 いくら

1 あなたが　呼んだら　<u>いくら</u>　行けるように　します。

2 ここに　ある　ものは　<u>いくら</u>　持って　いては　いいです。

3 あなたは　ことし　<u>いくら</u>ですか。

4 <u>いくら</u>　ちゅういしても　しずかに　なりません。

もんだい1　（　　　）に　何を　入れますか。1・2・3・4から　いちばん　いい　ものを　一つ　えらんで　ください。

（例）わたしは　毎朝　新聞（　　　）　読みます。

　　　1　が　　　　　2　の　　　　　3　を　　　　　4　で

（解答用紙）　（例）　① ② ● ④

1　今日の　かいぎは　何時に　始まる（　　　）　知って　いますか。

　　1　か　　　　　2　が　　　　　3　と　　　　　4　を

2　いもうとは　「あしたが　わたしの　たんじょうびです」（　　　）　言いました。

　　1　を　　　　　2　と　　　　　3　に　　　　　4　で

3　気を　つけて　いた（　　　）、さいふを　なくして　しまいました。

　　1　から　　　　2　ので　　　　3　でも　　　　4　のに

4　駅から　会社まで　歩いて　5分（　　　）　行けます。

　　1　で　　　　　2　ぐらい　　　3　ほど　　　　4　に

5　かぜの　ときは　よく　ねた　ほう（　　　）　いいですよ。

　　1　で　　　　　2　に　　　　　3　が　　　　　4　の

6 私は　すいえいを　習うため、先週から　すいえいきょうしつに　（　　　）は
じめた。

1　かよい　　　　2　かよう　　　　3　かよった　　4　かよって

7 もうすぐ　おきゃくさんが　来るよ。早く　そうじを　（　　　）。

1　する　　　　　2　しろ　　　　　3　します　　　4　せろ

8 みなさんが　よく　（　　　）　おかげで、この　仕事が　できました。

1　しらべた　　　2　しらべる　　　3　しらべよう　4　しらべ

9 ここに　車を　（　　　）　だめだよ。

1　とめるは　　　2　とめちゃう　　3　とめちゃ　　4　とめて

10 先生は　（　　　）すぎて　みんな　こわがって　います。

1　きびし　　　　2　きびしい　　　3　きびしく　　4　きびしくて

88

11 タクシーが　二台　ならんで　（　　　）。

　1 います　　　　2 おきます　　　3 します　　　　4 あります

12 ちゅういしたが、たばこを　やめる（　　　）　わかりません。

　1 ように　　　　　2 かどうか　　　3 ので　　　　　4 はずか

13 あの　山に　のぼると　むこうの　まちまで　（　　　）。

　1 見える　ことが　できます　　　2 見えた　ことが　できます

　3 見る　ことが　できます　　　　4 見た　ことが　できます

14 A「おじゃましました。それでは　（　　　）。」

　B「また　あそびに　来て　くださいね。」

　1 しつれいします　　　　　　　2 ごめんください

　3 ごめんなさい　　　　　　　　4 かしこまりました

15 A「どうぞ、ごらんください。」

　B「それでは、（　　　）。」

　1 お見になります　　　　　　　2 お見えします

　3 はいけんします　　　　　　　4 お見せします

もんだい２　＿★＿に　入る　ものは　どれですか。１・２・３・４から　い
ちばん　いい　ものを　一つ　えらんで　ください。

（問題例）　　つくえの　＿＿＿＿　＿＿＿＿　＿★＿＿　＿＿＿＿　あります。

１　が　　　　　　２　に　　　　　３　上　　　　４　ペン

（答え方）

１．正しい　文を　作ります。

> つくえの　＿＿＿＿　＿＿＿＿　＿★＿＿　＿＿＿＿　あります。
>
> **１　上　　２　に　　３　ペン　　４　が**

２．＿★＿に　入る　番号を　黒く　塗ります。

（解答用紙）　（例）　① ● ③ ④

16　日本に　着いた　時　だれも　＿＿＿＿　＿＿＿＿　＿★＿＿　＿＿＿＿　ので、どうし
たら　いいか　わかりませんでした。

１　いなかった　　２　来て　　　　　３　むかえに　　　４　くうこうに

17 今日は ＿＿＿ ＿＿＿ ★ ＿＿＿ 家で　テレビを　見たいです。

1 しけん　　　　2 から　　　　　3 終わった　　　4 が

18 今日　学校 ＿＿＿ ＿＿＿ ★ ＿＿＿ ならいました。

1 方を　　　　　2 書き　　　　　3 で　　　　　　4 かんじの

19 A「よく　聞こえません ＿＿＿ ＿＿＿ ★ ＿＿＿ ください。」
　　B「はい…。だめです。できません。テレビが　こわれて　いるから。」

1 音を　　　　　2 から　　　　　3 大きくして　　4 テレビの

20 A「この ＿＿＿ ＿＿＿ ★ ＿＿＿ 出して　くださいませんか？」
　　B「上に　ある　本が　重いから　出ません。」

1 下　　　　　　2 いちばん　　　3 本を　　　　　4 の

もんだい3　21から　25に　何を　入れますか。文章を　意味を　考えて、1・2・3・4から　いちばん　いい　ものを　一つ　えらんで　ください。

　　わたしは　きのうから　頭が　いたかったので、あさ　起きて　近くの　病院　21　行きました。いしゃは　「かぜですね。」と　言いました。22、「食事の　あとで、この　きいろい　カプセルを　一つ　飲んで　ください。この　カプセルは　ねつを　さげます。そして　この　赤い　カプセルを　一つと　白い　カプセルを　一つ、まいばん、23　前に　飲んで　ください。赤いのは　はなみずに、白いのは　せきに　よく　ききます。」と　言いました。

　　きのう　びょういんから　24　きた　くすりを　のんだら　かぜが　よく　なりました。でも　三日も　くすりを　のまなければ　なりません。くすりが　多いので　何を　飲んだら　いいか　わからなかったが、くすりの　25　を　見て　わかるように　なりました。らいしゅうから　しけんが　あるので　はやく　かぜが　なおたら　いいですね。

21

　1　を　　　　　2　が　　　　　3　に　　　　　4　で

22

　1　それから　　2　しかし　　　3　たとえば　　4　やはり

23

　1　ねた　　　　2　おきた　　　3　おきる　　　4　ねる

24

　1　くれて　　　2　もらって　　3　あげて　　　4　いれて

25

　1　ねだん　　　2　かたち　　　3　いろ　　　　4　あじ

もんだい4　つぎの（1）から（4）の文章を読んで、質問に答えてください。答えは1・2・3・4からいちばんいいものを一つえらんでください。

（1）

> 　友だちは外国のお金をあつめるのがしゅみです。それで、いつもデパートやみせに行って、お金でお金を買うのです。はじめは、へんなことをするんだなと思ったが、それもしゅみのひとつだからと思ったら理解するようになりました。子どものときからずっとやったらしく、今はいろいろな国のお金を持っているようです。しゅみは自分にたのしいことだし、何かのためにねっしんにするのはなかなかいいですね。

26　この人はしゅみのいいところは何だと思っていますか。

1　いろいろな国を旅行していい。

2　生活の中でたのしみができる。

3　お金がたくさんかかってよくない。

4　自分のしょうらいのためいいと思う。

(2)

　家のちかくの公園に小さいいけがあります。そのいけには、まわりの木のみどりや古いたてものがうつって、とてもきれいです。それで、しゅうまつはもちろん、ゆうごはんを食べてからさんぽに来る人もたくさんいます。わたしはいつも子どもといっしょにさんぽに行きます。しばふの上で走ったりあるいたりして、遊べますから子どもは公園がだいすきです。

27 どんな公園ですか。

1　人のあまりいないしずかなところ

2　たくさんの人があそびに来るところ

3　子どものだいきらいなところ

4　花や木があまりないところ

(3)

　タバコが体に悪いことはみんな知っています。でもなかなかやめられないのはなぜでしょうか。それはたぶん、タバコはくせだからでしょう。だから、一人ではタバコがやめられないのです。タバコをやめるためには周りの人のたすけが必要です。タバコをやめたい人は自分のかんがえを周りの人に知らせてください。

28 タバコをやめるためにどうしたらいいと言っていますか。

1　今よりたばこのねだんを2倍あげる。

2　今すぐにやめなくてもいいからだいじょうぶだ。

3　友だちなどに自分のかんがえを言う。

4　一人でがんばってやめるしかない。

(4)

　イチローくんは花屋さんの前にいます。花屋さんのとなりに本屋さんとしゃしん屋さんがあります。しゃしん屋さんの前には、日本語の学校があります。日本語の学校とゆうびんきょくの間には、コーヒーショップと薬屋さんがあります。花屋さんの前はコーヒーショップです。

29 ただしいえはどれですか。

もんだい５　つぎの文章を読んで、質問に答えてください。答えは１・２・３・４からいちばんいいものを一つえらんでください。

　日本人が毎日使っている文字には、漢字とひらがなとかたかながあります。ローマ字もありますが、文の中ではあまり使いません。かなは、ことばの音をあらわします。たとえば、「まど」の「ま」という音は、「まえ」の「ま」と同じです。しかし漢字は、かなとちがって、意味もあらわします。たとえば、「木」は「き」という音をもっていますが、「もく」という音もあります。「気」も「き」と読みますが、意味がちがいます。

　漢字は中国で生まれた古い文字です。日本人は1700年ぐらい前に漢字を知りました。漢字を知る前に、日本には文字がありませんでした。日本人は、中国語の発音に近いよみ方で漢字を読みました。たとえば、「水」は「すい」と読みました。しかし、日本語にも同じ意味をあらわす「みず」ということばがありました。今、「水」にはよみ方が二つあります。「すい」というよみ方は音読みといって、「みず」というよみ方はくん読みといいます。

　日本人ははじめ、漢字だけで文を書きました。しかし、このやり方はあまりよくありませんでしたから、あとでかなを作って使いました。かたかなは漢字の一部をとって作りました。

30　日本で使われている文字に入らないのはどれですか。

1　漢字

2　ひらがな

3　かたかな

4　えいご

31 日本では漢字を使う前にどんな文字を使いましたか。

1　漢字いがいは何もなかった。

2　ひらがな

3　中国語

4　ローマ字

32 文で言ったように、意味は違うが、音が同じなのはどれですか。

1　先／学

2　意／医

3　自／他

4　音／本

33 「方・前・国」の三つの漢字について正しいのはどれですか。

1　それぞれ「かた・まえ・くに」と読むのは、音読みである。

2　それぞれ「かた・ぜん・こく」と読むのは、音読みである。

3　それぞれ「ほう・ぜん・こく」と読むのは、音読みである。

4　それぞれ「ほう・ぜん・こく」と読むのは、くん読みである。

もんだい６　右のページの天気予報を見て、質問に答えてください。答えは
　　　　　　１・２・３・４からいちばんいいものを一つえらんでくださ
　　　　　　い。

34 山田さんは６月１日から７日までなごやへ仕事へ行くつもりです。かさが
必要な日はいつですか。全部えらんでください。

1　６月１日、６月３日、６月４日

2　６月２日、６月５日

3　６月２日、６月３日、６月５日

4　６月２日、６月４日、６月５日

35 この一週間、気温がいちばんひくいところと高いところはどこですか。

1　いちばんひくい　―　とうきょう／いちばん高い　―　なごや

2　いちばんひくい　―　せんだい／いちばん高い　―　ふくおか

3　いちばんひくい　―　さっぽろ／いちばん高い　―　おおさか

4　いちばんひくい　―　さっぽろ／いちばん高い　―　なごや

週間天気予報

日づけ	6月1日 （火）	6月2日 （水）	6月3日 （木）	6月4日 （金）	6月5日 （土）	6月6日 （日）	6月7日 （月）
北海道 （さっぽろ）	晴れ 17/6	くもり 時々晴れ 17/7	くもり 後雨 16/8	くもり 20/11	くもり 時々晴れ 21/13	くもり 22/13	くもり 時々晴れ 20/13
東北 （せんだい）	晴れ 時々くもり 17/10	くもり 16/10	くもり 後雨 20/11	くもり 後雨 24/15	くもり 時々晴れ 25/15	くもり 24/17	くもり 25/16
関東 （とうきょう）	くもり 時々晴れ 21/14	くもり 20/13	くもり 時々雨 21/15	くもり 時々雨 26/17	くもり 25/18	くもり 25/18	くもり 26/19
東海 （なごや）	晴れ 時々くもり 25/14	くもり 後雨 21/15	くもり 時々雨 23/15	くもり 27/17	くもり 時々雨 27/18	くもり 26/18	くもり 28/18
近畿 （おおさか）	くもり 時々晴れ 24/15	くもり 時々雨 22/17	くもり 25/17	くもり 時々晴れ 27/18	くもり 時々晴れ 27/19	くもり 27/18	くもり 27/19
九州 （ふくおか）	くもり 23/15	くもり 27/16	晴れ 時々くもり 26/18	くもり 時々晴れ 26/19	くもり 25/19	くもり 25/19	くもり 26/19

問題1

もんだい1では、まず　しつもんを　聞いて　ください。それから　話を
聞いて、もんだいようしの　1から4の　中から、いちばん　いいものを
一つ　えらんで　ください。

れい

1　何も　食べない

2　ケーキを　食べる

3　サンドイッチを　食べる

4　コーヒーを　飲む

1 ばん

2 ばん

1 今日の　2時ごろ

2 午後が　あいて　いる　日

3 今日の　食事の　あと

4 今日の　食事の　まえ

3 ばん

1 映画館

2 デパート

3 クリーニング屋

4 友だちの　家

4 ばん

1 眠く　なる

2 お腹が　すく

3 お金が　入って　くる

4 たばこが　吸いたく　なくなる

5 ばん

1　一日
2　二日
3　三日
4　四日

6 ばん

1　6千円
2　8千円
3　1万円
4　1万5千円

7 ばん

1 買い物　→　食事　→　映画を　見る

2 食事　→　買い物　→　映画を　見る

3 食事　→　映画を　見る　→　買い物

4 買い物　→　映画を　見る　→　食事

8 ばん

1 本屋の　前

2 駅前

3 デパートの　前

4 先生の　家の　前

問題2

もんだい２では、まず　しつもんを　聞いて　ください。そのあと、もんだいようしを　見て　ください。読む　時間が　あります。それから　話を　聞いて、もんだいようしの　１から４の　中から、いちばん　いいものを　一つ　えらんで　ください。

れい

1　海が　好きだから

2　登山が　好きだから

3　かばんが　好きだから

4　山が　好きだから

1 ばん

1　色と　大きさ

2　色と　ねだん

3　大きさと　ねだん

4　大きさと　形

2 ばん

1　はを　みがいた

2　たばこを　すった

3　おさけを　のんだ

4　電話を　こわした

3 ばん

1　うすくて、かるい　辞書

2　あつくて、言葉が　たくさん　のって　いる　辞書

3　できるだけ　安い　辞書

4　電子辞書

4 ばん

1 男の人が　特別に　安く　して　くれたから
2 店が　しまる　時間なのに　男の人が　売って　くれたから
3 男の人が　自分の　体の　ぐあいを　よく　知って　いたから
4 男の人に　いつも　おせわに　なって　いるから

5 ばん

1 うちに　ものを　置いて　きたから
2 会議に　使う　書類を　わすれたから
3 いつも　会議に　おくれるから
4 いつも　うそを　つくから

6 ばん

1 ビルが　たおれないように　する　ため
2 火事を　けす　ため
3 火事が　起きないように　する　ため
4 ガス代が　かからないように　する　ため

7 ばん

1 テレビ
2 自動車
3 ビデオ
4 ステレオ

問題3

もんだい3では、えを 見ながら しつもんを 聞いて ください。やじるし（→）の 人は 何と 言いますか。1から3の 中から、いちばん いいものを 一つ えらんで ください。

れい

1 ばん

2 ばん

3 ばん

4 ばん

5 ばん

問題4

もんだい 4 では、えなどが ありません。まず ぶんを 聞いて くださ
い。それから、その へんじを 聞いて、1 から 3 の 中から、いちばん
いいものを 一つ えらんで ください。

－ メ モ －

N4 모의테스트 2 회

言語知識(文字·語彙、文法)、 読解
(120点・95分)

注意

1．試験開始の合図があるまで、この問題用紙を開けないでください。

2．この問題用紙を持ち帰ることはできません。

3．受験番号と名前を下の欄に、はっきりと書いてください。

4．この問題用紙は、全部で24ページあります。

受験番号	
名前	

もんだい1　＿＿＿＿＿の　ことばは　ひらがなで　どう　かきますか。1・
2・3・4から　いちばん　いい　ものを　ひとつ　えらんで
ください。

1　京都には　有名な　お寺が　多い。

　　1　てら　　　　　　　2　しゃ　　　　　　3　はやし　　　　4　もり

2　展覧会の　入場料は　無料だった。

　　1　てんらんかい　　　　　　　　2　でんらんかい
　　3　てんかんかい　　　　　　　　4　でんかんかい

3　子どもを　つれて　動物園に　行った。

　　1　とうぶつえん　　　　　　　　2　とうぶついん
　　3　どうぶつえん　　　　　　　　4　どうぶついん

4　会社に　行く　途中、じこに　あった。

　　1　とうちゅう　　2　どうちゅう　　3　とちゅう　　　4　どちゅう

5　毎日　寝る　前に　日記を　書く。

　　1　にっき　　　　　　2　りっき　　　　　3　ひき　　　　　　4　にちき

6　二つを　比べて　見て　みよう。

　　1　あそべて　　　2　ころべて　　　3　くらべて　　　4　よろこべて

7　あれから　１０年も　過ぎた。

　　1　ちぎた　　　　2　すぎた　　　　3　かぎた　　　　4　とぎた

8　大人に　なって　せいかくが　変わった。

　　1　さわった　　　2　すわった　　　3　まわった　　　4　かわった

9　正しい　こたえを　ひとつ　えらびなさい。

　　1　したしい　　　2　ただしい　　　3　きびしい　　　4　たのしい

もんだい2 ＿＿＿＿の　ことばは　どう　かきますか。1・2・3・4から　いちばん　いい　ものを　ひとつ　えらんで　ください。

10 さいきんの　若者は　気に　入らない。

　　1 最辺　　　　2 最迯　　　　3 最送　　　　4 最近

11 雨で　こうどうで　卒業式が　行われた。

　　1 構堂　　　　2 講当　　　　3 講堂　　　　4 構当

12 思ったより　しけんは　難しかった。

　　1 試験　　　　2 試検　　　　3 試険　　　　4 試俆

13 日本は　じしんが　多い　国である。

　　1 地雪　　　　2 地霜　　　　3 地震　　　　4 地霧

14 にわには　大きい　木が　たくさん　うえて　ある。

　　1 直えて　　　2 植えて　　　3 置えて　　　4 値えて

15 この　会は　まいしゅう　日よう日に　おこないます。

　　1 開います　　2 仕います　　3 行います　　4 事います

16 来月　かのじょは　10年間　つきあった　人と　（　　　）らしいです。

   1 けっこんする　　　　　　　　2 しんぱいする

   3 さくぶんする　　　　　　　　4 しゅじんする

17 あたまが　（　　　）　会社を　やすんだ。

   1 まずくて　　　2 まるくて　　　3 ほそくて　　　4 いたくて

18 ぜんぜん　やすまないで　しごとを　したので　（　　　）。

   1 へただ　　　　2 たいへんだ　　3 だいすきだ　　4 じょうぶだ

19 レポートは　10（　　　）ぐらい　しました。

   1 テニス　　　　2 スリッパ　　3 メートル　　　4 ページ

20 家の　前に　車が　（　　　）　とまって　いました。

   1 いちだい　　　2 いっぽん　　3 いちまい　　　4 いっぴき

21 この　中には　何も　（　　）　ください。

1　たのまないで　　　　　　　2　すわらないで

3　いれないで　　　　　　　　4　なかないで

22 （　　）は　気を　つけて　つかって　ください。

1　ポケット　　　2　ナイフ　　　3　ゼロ　　　　4　テスト

23 A「どうぞ、たくさん　食べて　ください。」
　　B「（　　）。」

1　ごちそうさまでした　　　　　2　では、また

3　いただきます　　　　　　　　4　どういたしまして

24 この　カレーは　とても　（　　）　食べられない。

1　ふとくて　　　2　うすくて　　　3　あおくて　　　4　からくて

25 そらに　とりが　（　　）　いた。

1　とんで　　　　2　つかれて　　　3　ついて　　　4　つとめて

　　　　　　　の　ぶんと　だいたい　おなじ　いみの　ぶんが　あります。1・2・3・4から　いちばん　いい　ものを　ひとつ　えらんで　ください。

26 こんや　おさけを　のみに　行きましょう。

1 あしたの　ひる　おさけを　のみに　行きましょう。

2 きょうの　ひる　おさけを　のみに　行きましょう。

3 あしたの　よる　おさけを　のみに　行きましょう。

4 きょうの　よる　おさけを　のみに　行きましょう。

27 どうぶつえんに　行きました。

1 お金を　かりに　行きました。

2 さいふを　とりに　行きました。

3 ぞうを　見に　行きました。

4 べんきょうを　しに　行きました。

28 りんごの　ねだんが　さがりました。

1 りんごの　ねだんが　たかく　なりました。

2 りんごの　ねだんが　やすく　なりました。

3 りんごの　ねだんは　かわらないです。

4 りんごの　ねだんは　おなじです。

29 おかあさんは　むすこを　しかりました。

1　おかあさんは　おこりました。

2　おかあさんは　ほめました。

3　おかあさんは　たのみました。

4　おかあさんは　なきました。

30 にもつは　わたしが　はこびます。

1　にもつは　わたしが　買います。

2　にもつは　わたしが　もって　行きます。

3　にもつは　わたしが　かたづけました。

4　にもつは　わたしが　とりました。

もんだい5　つぎの　ことばの　つかいかたで　いちばん　いい　ものを
　　　　　　1・2・3・4から　ひとつ　えらんで　ください。

31 きびしい

1 電話を　おかりしても　きびしいですか。

2 きびしい　ところで　およぐと　あぶないです。

3 こんな　きびしい　ことは　やめようと　思って　いる。

4 たなか　先生は　きびしい　かおを　して　います。

32 あやまる

1 知らない　人の　足を　ふんで　しまったので、あやまりました。

2 あとで　きみの　家に　あやまるよ。

3 風で　木のはが　あやまって　いる。

4 さいきんの　女性は　あやまって　いる　人が　多い。

33 しっかり

1 友だちも　しっかり　行くと　思います。

2 しっかり　雨が　ふりました。

3 あの　子は　小さいけれど　しっかり　して　いる。

4 しっかり　ここに　いらっしゃた　方は　だれですか。

34 そうだん

 1 名前を　呼ばれたら　そうだんを　しなさい。

 2 べんきょうの　しかたを　先生に　そうだんしました。

 3 この　シャツは　そうだんで　できて　いる。

 4 私の　国は　自動車は　ぜんぶ　そうだんします。

35 どんどん

 1 かれとは　どんどん　行かない　つもりです。

 2 どんどん　気を　つけますので　よろしく。

 3 さむくて　どんどん　だんぼうを　つけました。

 4 あかちゃんは　どんどん　大きく　なります。

もんだい1　（　　　）に　何_{なに}を　入_いれますか。1・2・3・4から　いちば
　　　　　ん　いい　ものを　一_{ひと}つ　えらんで　ください。

（例_{れい}）わたしは　毎朝　新聞（　　　）　読みます。

　　　1　が　　　　　　2　の　　　　　　3　を　　　　　　4　で

（解答用紙_{かいとうようし}）　┃ （例_{れい}）　① ② ● ④ ┃

1　この　電車に　のりかえるの（　　　）　あたらしい　きっぷが　いります。

　　　1　で　　　　　　2　を　　　　　　3　と　　　　　　4　に

2　かれは　性格も　いい（　　　）、ハンサムだ（　　　）、いいですね。

　　　1　と／と　　　　2　で／で　　　　3　し／し　　　　4　も／も

3　きょう　帰りに　映画（　　　）　見ませんか。

　　　1　でも　　　　　2　しか　　　　　3　まで　　　　　4　ほど

4　山の　火事（　　　）　たくさんの　木が　なくなりました。

　　　1　ため　　　　　2　に　　　　　　3　を　　　　　　4　で

5　この　つくえは　木（　　　）　作られます。

　　　1　から　　　　　2　にも　　　　　3　まで　　　　　4　ほど

6 あの　えいがは　見なくても　（　　）だろうと　思います。

1　かなしく　　　2　かなしい　　　3　かなしくて　　4　かなしいと

7 あの　店の　人は　（　　）ので、おきゃくさんが　多いです。

1　ていねい　　　2　ていねいな　　3　ていねいだ　　4　ていねいで

8 こんどの　日よう日は　（　　）かもしれません。

1　ひまだ　　　　2　ひまです　　　3　ひま　　　　　4　ひまな

9 来週の　月よう日に　（　　）　つもりです。

1　ひっこし　　　2　ひっこした　　3　ひっこそう　　4　ひっこす

10 あとで　使うだろうと　思って　（　　）　おきました。

1　なおして　　　2　なおす　　　　3　なおって　　　4　なおって

11 18さい　いかの　人は　この　えいがが　（　　　）。

1　見られません　　　　　　　　2　見られよう

3　見なさい　　　　　　　　　　4　見すぎる

12 デパートの　まえで　しゃちょうの　おくさまに　（　　　）。

1　おめに　かかりました　　　　2　おめに　かけました

3　おめに　なりました　　　　　4　おめに　いたしました

13 この　としは　10年前と　（　　　）　だいぶ　かわりました。

1　くらべられると　　　　　　　2　くらべるし

3　くらべると　　　　　　　　　4　くらべよう

14 A「もう　こんな　時間か。いそがないと。」
　 B「（　　　）。車に　気を　つけてよ。」

1　いってまいります　　　　　　2　いってらっしゃい

3　ただいま　　　　　　　　　　4　おかえりなさい

15 A「先生は　（　　　）。」
　 B「コーヒー　お願いします。」

1　何に　なさいますか　　　　　2　何を　なさいますか

3　何に　めしあがりますか　　　4　何を　いただきますか

もんだい2　__★__に　入る　ものは　どれですか。1・2・3・4から　いちばん　いい　ものを　一つ　えらんで　ください。

(問題例)　　つくえの　_____ _____ __★__ _____ あります。

　　　　　　1 が　　　　2 に　　　　3 上　　　　4 ペン

(答え方)

1. 正しい　文を　作ります。

つくえの　_____ _____ __★__ _____ あります。
1 上　2 に　3 ペン　4 が

2. __★__ に　入る　番号を　黒く　塗ります。

(解答用紙)　　(例)　① ● ③ ④

16　ゆうがた　6時に　山田さんと　_____ _____ __★__ _____ 忘れて　しまった。

　　1 約束を　　　　2 会う　　　　3 すっかり　　　　4 したが

17 こくさい ＿＿＿ ＿＿＿ ＿★＿ ＿＿＿ おしえて ください。

1 かけ　　　　2 でんわの　　3 を　　　　　4 かた

18 きのう、寝る ＿＿＿ ＿＿＿ ＿★＿ ＿＿＿を　かけるのを　忘れました。

1 カギ　　　　2 ドアに　　　3 まえ　　　　4 に

19 はは　「今、魚を ＿＿＿ ＿＿＿ ＿★＿ ＿＿＿ 食事に
　　　　しましょう。」

むすこ「うん、おかあさん。」

1 やけたら　　　2 から　　　　　3 やいている　　4 魚が

20 むすこ「ほら、あかあさん、紙ひこうきが　できたよ。」

はは　「うまいね。で、　＿＿＿ ＿＿＿ ＿★＿ ＿＿＿ おしえて
　　　　もらったの？」

1 から　　　　　　　　　　2 だれ

3 つくりかたは　　　　　　4 その

もんだい3　**21**から　**25**に　何を　入れますか。文章を　意味を　考え
て、1・2・3・4から　いちばん　いい　ものを　一つ　え
らんで　ください。

たにがわ　「やまもとさんは　いつも　うちから　学校まで　なにで　**21**んで
すか。」

やまもと　「たいてい　じてんしゃに　乗って　いくんですが、雨が　ふる　と
きは、バスに　乗ったり　あるいたり　します。」

たにがわ　「それは　いいですね。わたしは　学校が　遠いから、バスと　電車
を　使って　いくんですよ。1時間ぐらい　かかります。朝は、バ
スが　こんで　いるし、とても　**22**。

やまもと　「朝は　たいへんですね。」

たにがわ　「朝も　たいへんですが、かえりも　すごいんですよ。休みの　日は
23　人が　多く　ないんですが。」

やまもと　「でも、**24**が　こみますね。みんな　近くの　山に　行ったり、か
ぞくを　つれて　あそんだり　しますから。」

たにがわ　「そうですね。みんな　車を　持って　でかけますから。」

やまもと　「近くに　こうえんも　たくさん　あるのに、遠くまで　行きますか
ら　おとうさんも　たいへんでしょう。」

たにがわ　「でも、かぞくの　ためには　いいと　思います。いつも　仕事ばか
り　するのも　からだに　わるいです。」

やまもと　「毎日　運動すれば　**25**、仕事で　いそがしいから　時間が　ない
でしょう。」

21

1　のって　いる　　　　2　かよって　いる

3　もって　いる　　　　4　やって　いる

22

1　つかれるんです　　　2　たのしみです

3　おもしろいです　　　4　やくに　たちます

23

1　どんなに　　　2　どんな　　　3　そんなに　　　4　そんな

24

1　バスの　ほう　　　　2　電車の　ほう

3　こうえんの　ほう　　4　どうろの　ほう

25

1　いいかと　　　2　いいので　　　3　いいのに　　　4　いいかも

もんだい4　つぎの（1）から（4）の文章を読んで、質問に答えてください。答えは1・2・3・4からいちばんいいものを一つえらんでください。

(1)

エリカさんは日よう日の午後、おかあさんのたんじょうびのプレゼントを買うためにデパートへ買い物に行きました。いもうとといっしょでしたが、デパートの中はとてもこんでいました。エリカさんといもうとはおかあさんに合うスカーフを買って、エリカさんは赤いTシャツいちまいと、いもうとはかわいいくつを買いました。

26 エリカさんといもうとが買った物はどれですか。

　1　おかあさんの物と自分たちの物

　2　おかあさんの物だけ

　3　自分たちのものだけ

　4　おかあさんのくつとスカーフ

(2)

きのう、じゅぎょうが終わったあと、学校でサッカーの試合をしました。あいてはとなりの町の学校チームです。まいとし試合をしますが、おととしもきょねんも私たちのチームがまけたので、こんどはぜったいかちたいと思っています。

きのう、午前中はとてもいい天気でした。でも、ひるごろ、そらがきゅうにくもって、雨がつよくふりました。それで試合をつづけることができませんでした。私たちはとてもざんねんでした。

27 試合のけっかはどうでしたか。

1 となりの町の学校チームがかった。

2 わたしのチームがかった。

3 試合を来週にすることにした。

4 試合をとちゅうでやめた。

(3)

> わたしの家は６人家族です。両親と、４人のきょうだいです。
>
> 　家族の中でいちばん背が高いのは父です。そして、いもうとがいちばん小さいです。あには母より背が高いですが、わたしより低いです。母といもうとでは、母のほうが背が高いです。
>
> 　おとうとはこうこうせいになってからどんどん体が大きくなりました。あによりは高いですが、わたしほどではありません。

28 これをよんで、□□□の中にじゅんばんを書いたらどうなりますか。

(4)

　きのう、やきゅうの練習をしている時に、わたしは手にけがをしました。とても痛かったので、ボールをなげることができませんでした。それで、コーチといっしょに、病院へ行きました。おいしゃさんは「骨^{ほね}はおれていないので、だいじょうぶです。一週間ぐらい、ゆっくり休めば、よくなるでしょう。しかし、その間は、手をつかうことをしてはいけません。」と言いました。わたしはけががなおるまで、練習を休まなければなりません。

29　この人はこれからどうすると思いますか。

　　1　一週間ぐらい何もしないでいる。

　　2　手をつかわないでずっと練習する。

　　3　やきゅうをやめてべんきょうする。

　　4　いしゃになるために大学に入る。

昨日、アルバイトで勉強を教えている中学２年生の女の子が、

「どうせ、あしたは死ぬんだから…。」

といって宿題をやろうとしませんでした。理由を聞いてみたら、かよっている市立の名門校で、

「１６日に、大地震がくる。」

といううわさが流れ、中学生のうち６０％ぐらいが信じているということでした。

この子も信じていて、これまでの一週間ほど、今地震がきたら、あのビルのガラスが落ちてくるのではないか、最後の部活動だからしっかりやろう、などとよくないことばかり考えつづけてきたそうです。新聞にもテレビにでもぜんぜん出てないことをそのまま信じているようです。

ところで、今１６日午後1時５０分。１６日が終わるまで１０時間あまり。

地震は起きるだろうか。

---

30 女の子はどうして宿題をやろうとしなかったのですか。

1 友だちからいやなことを言われたから

2 学校で先生にしかられたから

3 今は部活動でとてもいそがしいから

4 地震が起きてみんな死ぬかもしれないから

31 女の子はこれまでの一週間をどうすごしましたか。

　　1　心配ばかりでなにもしてなかった。

　　2　いろいろ心配しながら一生けんめい暮らした。

　　3　学校へ行かずにずっと家にいた。

　　4　地震が起きることを人々に知らせた。

32 女の子は地震をどう思っていますか。

　　1　テレビに出たら信じると思っている。

　　2　まだはっきりわからないと思っている。

　　3　ぜったい地震が起きると思っている。

　　4　ぜったい地震が起きないと思っている。

33 地震はどうなりましたか。

　　1　まだ時間がのこっているからわからない。

　　2　その日になったのに地震が起きなかった。

　　3　１０時間後に地震が起きるというニュースがあった。

　　4　地震が起きるまで１０日のこっている。

もんだい6　右のページの映画館の料金表を見て、質問に答えてください。答
　　　　えは1・2・3・4からいちばんいいものを一つえらんでくださ
　　　　い。

34　大学生の山田さん（男）は月よう日に、エリカさん（女）と映画を見に行きます。
　　また、月よう日はエリカさんのたんじょうびです。いくらはらいますか。

　　1　1900円

　　2　2000円

　　3　2400円

　　4　2500円

35　9月1日（木）に父、母、大学にかよっているいもうとと私（会社員）が映画を見
　　に行きます。いくらはらいますか。

　　1　3600円

　　2　4000円

　　3　6600円

　　4　6900円

映画はやっぱり大きなスクリーンで見ることですよね？

映画は高くて…？ いいえ、そんなことありません。

お得なわりびきをうまく使って、大スクリーンで映画をおたのしみください！

当日料金

おとな	1,800円
大学・高校生	1,500円
中学・小学生・60才以上	1,000円
子ども（3才以上）	900円

※ 学生わりびきにはかならず学生証が必要です。

サービスデー

- 毎月1日は、映画の日。すべての方1,000円
- 毎週月よう日は、メンズデー。男性の方は1,000円
- 毎週水よう日は、レディースデー。女性の方は1,000円

あなたのたんじょうび

- ご自分のたんじょうびに、いらっしゃったお客さまは900円。

※ たんじょうびを証明できるものが必要。

N4 모의테스트 2회

聴解

(60点・35分)

1. 試験開始の合図があるまで、この問題用紙を開けないでください。

2. この問題用紙を持ち帰ることはできません。

3. 受験番号と名前を下の欄に、はっきりと書いてください。

4. この問題用紙は、全部で13ページあります。

受験番号	
名前	

問題1

もんだい１では、まず　しつもんを　聞いて　ください。それから　話を　聞いて、もんだいようしの　１から４の　中から、いちばん　いいものを　一つ　えらんで　ください。

1 ばん

2 ばん

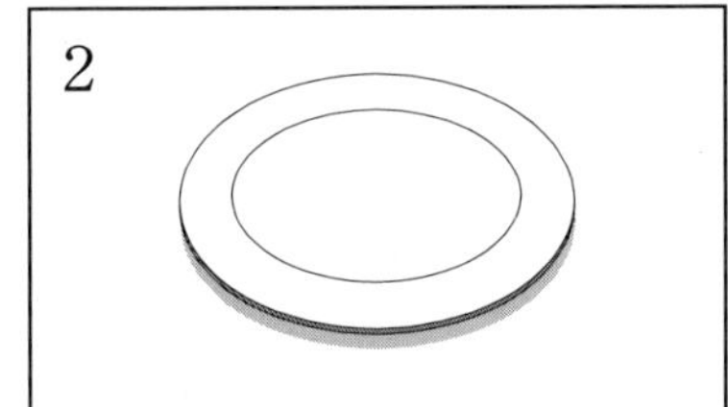

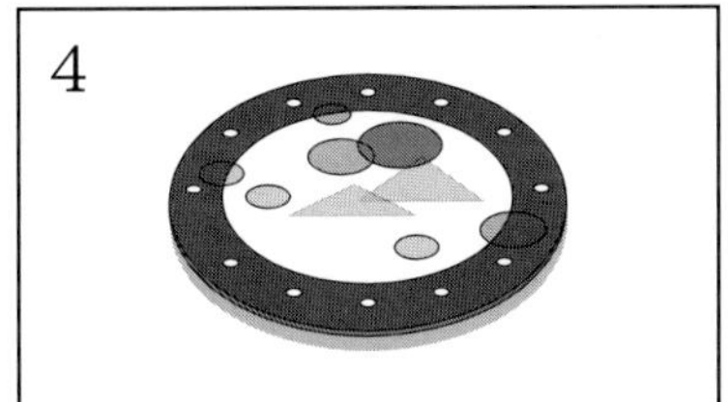

3 ばん

1 男の人と　会社へ　行く

2 一人で　会社へ　行く

3 男の人と　家へ　もどる

4 一人で　家へ　もどる

4 ばん

1　3時　30分

2　3時　40分

3　3時　50分

4　4時

5 ばん

1　女の人と　部屋の　そうじを　する

2　一人で　部屋の　そうじを　する

3　女の人と　山へ　行って　きてから　部屋の　そうじを　する

4　女の人と　田舎へ　行く

6 ばん

1 ５０円

2 １００円

3 １５０円

4 ２５０円

7 ばん

1 ミルクも　さとうも　入れる

2 ミルクも　さとうも　入れない

3 さとうだけ　入れる

4 ミルクだけ　入れる

8 ばん

1 男の人と　親と　仕事を　する

2 男の人と　親と　映画を　見る

3 男の人と　親と　会議を　する

4 男の人と　親と　食事を　する

問題2

もんだい２では、まず　しつもんを　聞いて　ください。そのあと、もんだいようしを　見て　ください。読む　時間が　あります。それから　話を　聞いて、もんだいようしの　１から４の　中から、いちばん　いいものを　一つ　えらんで　ください。

1 ばん

1　お金の　ことで

2　車が　古いから

3　友だちの　車だから

4　車が　ないから

2 ばん

1　今日から　会社を　休む

2　来週から　会社を　休む

3　今日から　会社へ　行く

4　来週から　会社へ　行く

3 ばん

4 ばん

1 ミルクと　合わないから

2 好きじゃ　ないから

3 医者に　言われたから

4 ジュースが　飲みたいから

5 ばん

1 じゃまだから

2 ほかに　待って　いる　人が　いるから

3 人が　たくさん　いるから

4 あぶないから

6 ばん

1 のどが　かわいて　いなかったから

2 水が　つめたかったから

3 そのまま　飲むのが　こわかったから

4 おいしく　なかったから

7 ばん

1 あつい　外国語（がいこくご）の　じしょ

2 かるい　外国語（がいこくご）の　じしょ

3 あつい　国語（こくご）じしょ

4 かるい　国語（こくご）じしょ

問題3

もんだい 3 では、えを 見ながら しつもんを 聞いて ください。やじるし（→）の 人は 何と 言いますか。1 から 3 の 中から、いちばん いいものを 一つ えらんで ください。

1 ばん

2 ばん

3 ばん

4 ばん

5 ばん

もんだい４では、えなどが　ありません。まず　ぶんを　聞いて　ください。それから、その　へんじを　聞いて、１から３の　中から、いちばん　いいものを　一つ　えらんで　ください。

－メモ－

N4 모의테스트 3 회

言語知識(文字·語彙、文法)、 読解

(120点・95分)

注意

1．試験開始の合図があるまで、この問題用紙を開けないでください。

2．この問題用紙を持ち帰ることはできません。

3．受験番号と名前を下の欄に、はっきりと書いてください。

4．この問題用紙は、全部で２３ページあります。

受験番号	
名前	

もんだい1　＿＿＿＿＿の　ことばは　ひらがなで　どう　かきますか。1・
　　　　　2・3・4から　いちばん　いい　ものを　ひとつ　えらんで
　　　　　ください。

1　来週から　台風が　上がって　くるらしい。
　　1　だいふう　　　2　だいふ　　　　3　たいふう　　　4　たいふ

2　朝から　何も　食べて　ないから　力が　出ない。
　　1　からだ　　　　2　ちから　　　　3　りき　　　　　4　りょく

3　子どもは　だいたい　注射を　こわがる。
　　1　ちゅうしゃ　2　しゅうしゃ　3　じゅしゃ　　　4　じゅうしゃ

4　けいきが　悪く　なって　物価が　2倍にも　なった。
　　1　はい　　　　　2　がい　　　　　3　まい　　　　　4　ばい

5　この　自動車の　値段を　教えて　ください。
　　1　ねだん　　　　2　ねたん　　　　3　ちだん　　　　4　じたん

6　水泳きょうしつに　通って　いる。
　　1　とおって　　　2　うかって　　　3　かよって　　　4　さわって

7　にわは　きれいに　飾られて　いた。
　　1　かざられて　2　あげられて　3　おこられて　4　ひろわれて

8　つぎの　えきで　下りて　ください。
　　1　かりて　　　　2　おりて　　　　3　こりて　　　　4　たりて

9　この　しょるいは　大事です。
　　1　たいじ　　　　2　たいせつ　　　3　だいせつ　　　4　だいじ

もんだい2 ＿＿＿＿＿の ことばは どう かきますか。1・2・3・4か
　　　　　ら いちばん いい ものを ひとつ えらんで ください。

10 決めて ある きそくは よく まもって ください。

　　1 規側　　　　2 規則　　　　3 模側　　　　4 模則

11 家庭きょういくが ちゃんと なって ない 人が 多い。

　　1 教育　　　　2 親育　　　　3 新育　　　　4 敗育

12 ゆうびんきょくの まえに ぎんこうが あった。

　　1 郵更局　　　2 睡便局　　　3 睡更局　　　4 郵便局

13 道に 迷ったので けいさつに 聞いて みた。

　　1 警祭　　　　2 驚察　　　　3 警察　　　　4 驚祭

14 こうえんで 子どもが 一人で ないて いた。

　　1 泣いて　　　2 鳴いて　　　3 笑いて　　　4 成いて

15 もう いちど あなたに あやまる。

　　1 詫る　　　　2 謝る　　　　3 詰る　　　　4 射る

もんだい3 （　　　）に　なにを　いれますか。1・2・3・4から　いち
　　　　ばん　いい　ものを　ひとつ　えらんで　ください。

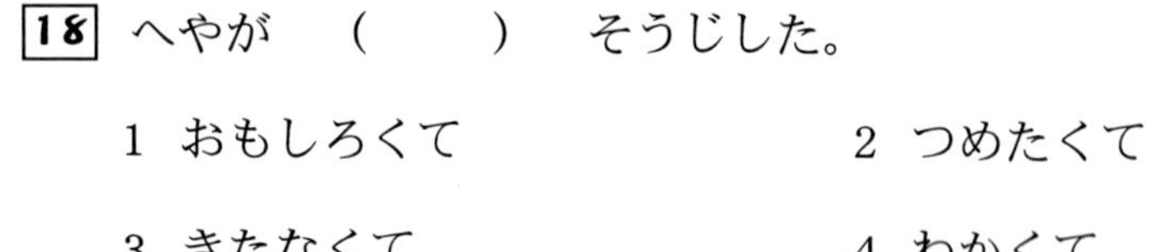

16　あなたが　（　　　）　ものは　何ですか。
　　1　きらい　　　　　2　うすい　　　　　3　きれい　　　　　4　ほしい

17　この　ボタンを　（　　　）と　ドアが　開きます。
　　1　おす　　　　　　2　できる　　　　　3　わたる　　　　　4　はいる

18　へやが　（　　　）　そうじした。
　　1　おもしろくて　　　　　　　　2　つめたくて
　　3　きたなくて　　　　　　　　　4　わかくて

19　これからも　（　　　）　がんばる　つもりです。
　　1　ちょうど　　　2　まっすぐ　　　3　ゆっくり　　　4　もっと

20　ふつう、（　　　）には　公園が　あります。
　　1　スケート　　　2　フォーク　　　3　ハンカチ　　　4　アパート

21 かんじを　（　　　）のは　なかなか　むずかしい。

　　1　おぼえる　　　　2　はたらく　　　　3　でかける　　　　4　きえる

22 （　　　）の　人が　デパートの　前で　ならんで　いました。

　　1　ひま　　　　　　2　あまり　　　　　3　おおぜい　　　　4　それから

23 6時に　なって　（　　　）　くらく　なった。

　　1　つぎ　　　　　　2　だんだん　　　　3　いろいろ　　　　4　いちばん

24 かぜを　（　　　）　会社を　休みました。

　　1　やって　　　　　2　なって　　　　　3　だして　　　　　4　ひいて

25 友だちと　いっしょに　しゃしんを　（　　　）。

　　1　とった　　　　　2　ひいた　　　　　3　よんだ　　　　　4　ちがった

もんだい4　________の　ぶんと　だいたい　おなじ　いみの　ぶんが　あ
　　　　　ります。1・2・3・4から　いちばん　いい　ものを　ひと
　　　　　つ　えらんで　ください。

26　やくそくの　じかんに　まにあうと　思います。

　　1　やくそくの　じかんに　行けそうです。

　　2　やくそくの　じかんに　おくれそうです。

　　3　やくそくの　じかんに　行くかもしれません。

　　4　やくそくの　じかんに　行くかどうか　知りません。

27　山田さんは　くうこうへ　友だちを　むかえに　行きました。

　　1　山田さんが　がいこくへ　行きます。

　　2　山田さんが　がいこくから　かえって　来ます。

　　3　山田さんの　友だちが　がいこくから　かえって　来ます。

　　4　山田さんの　友だちが　がいこくへ　行きます。

28　ぶちょうは　東京の　こうがいに　すんで　います。

　　1　ぶちょうは　東京の　ちかくに　すんで　います。

　　2　ぶちょうは　東京の　きんじょに　すんで　います。

　　3　ぶちょうは　東京から　遠い　ところに　すんで　います。

　　4　ぶちょうは　東京の　まんなかに　すんで　います。

29 そらに　くもが　たくさん　あります。

1　きょうは　あたたかいです。

2　きょうは　あついです。

3　きょうは　くもりです。

4　きょうは　はれます。

30 わたしは　がいこくの　きってを　あつめて　います。

1　わたしは　がいこくの　きってを　すてました。

2　わたしは　がいこくの　きってを　ひろいました。

3　わたしは　がいこくの　きってが　きらいです。

4　わたしは　がいこくの　きってに　きょうみが　あります。

もんだい5　つぎの　ことばの　つかいかたで　いちばん　いい　ものを
　　　　　　1・2・3・4から　ひとつ　えらんで　ください。

31　てきとう

　　1　てきとう　9時ごろ　会議が　始まります。

　　2　てきとう　冬に　なって　さむく　なりました。

　　3　もう　時間ですから　てきとう　出発しましょう。

　　4　日本に　ついて　しらべるのに　てきとうな　本は　ありませんか。

32　むかえる

　　1　古い　てがみを　むかえた。

　　2　かれに　かした　お金が　むかえて　きた。

　　3　友だちが　私を　むかえに　来て　くれました。

　　4　おゆを　むかえて　コーヒーを　飲んだ。

33　かしこまる

　　1　この　じしょは　英語の　べんきょうに　とても　かしこまる。

　　2　A　「こうちゃを　二つ、おねがいします。」

　　　　B　「はい、かしこまりました。」

　　3　A　「はじめまして。私は　山田と　かしこまります。」

　　　　B　「はじめまして。」

　　4　どうぞ　たくさん　おかしこまりください。

34 さびしい

1 まどの　外から　さびしい　おとが　しました。

2 しけんの　ため　さびしい　ところまで　べんきょうしました。

3 ひとりで　すんで　いるので、ときどき　さびしく　なります。

4 山田さんは　さびしい　力を　持って　います。

35 しめる

1 ドアを　しめて　ください。

2 しなものに　問題が　あるのを　しめた。

3 今　出発すると　時間に　しめます。

4 先生は　その　せいとの　まじめさを　しめた。

もんだい1　（　　　）に　何を　入れますか。1・2・3・4から　いちば
ん　いい　ものを　一つ　えらんで　ください。

（例）わたしは　毎朝　新聞（　　　）　読みます。

　　　1　が　　　　　　2　の　　　　　　3　を　　　　　　4　で

（解答用紙）　（例）　① ② ● ④

1　その　かど（　　　）　右へ　まがると、ぎんこうが　あります。

　　　1　が　　　　　　2　は　　　　　　3　を　　　　　　4　に

2　きょうも　寒いですが、きのう（　　　）では　ありません。

　　　1　ぐらい　　　　2　ほお　　　　　3　ほど　　　　　4　より

3　こんばん　おひま（　　　）、いっしょに　飲みに　行きませんか。

　　　1　なら　　　　　2　でも　　　　　3　では　　　　　4　ば

4　まいとし　いなかへ　帰る（　　　）　たのしみです。

　　　1　のが　　　　　2　のに　　　　　3　のを　　　　　4　のか

5　そこの　ソファー（　　　）　かけて　おまちください。

　　　1　で　　　　　　2　に　　　　　　3　へ　　　　　　4　が

6 人は　年を　とると、目が　だんだん　悪く　なって　（　　　）。

1　みる　　　　　　2　いく　　　　　　3　おく　　　　　　4　ある

7 10万円ぐらいなら　私が　貸して　（　　　）よ。

1　いたす　　　　　2　くれる　　　　　3　なさる　　　　　4　やる

8 みなさん、どうぞ　好きな　ものを　（　　　）　ください。

1　えらびに　なって　　　　　　　　2　おえらび

3　えらびなさり　　　　　　　　　　4　おえらんで

9 これから　いぬと　さんぽに　（　　　）と　思います。

1　行きます　　　2　行こう　　　　3　行く　　　　　4　行きよう

10 かいぎしつの　中では　（　　　）　して　ください。

1　しずか　　　　　2　しずかに　　　3　しずかで　　　4　しずかな

11 彼の　友だちは　ほんとうに　おとこ（　　　）　ひとです。

1 らしい　　　　2 ような　　　　3 のみたいな　4 そうな

12 あの　じは　（　　　）　かきます。

1 こんなに　　2 これに　　　　3 こう　　　　4 こんな

13 こどもの　（　　　）は　バス代は　半ぶんに　なります。

1 まま　　　　2 ばかり　　　　3 ばあい　　　4 とき

14 A「（　　　）。」

B「いってらっしゃい。車に　気を　つけてね。」

1 いって　まいります　　　　2 いって　おります

3 ただいま　　　　　　　　　4 おかえりなさい

15 山田「おとうとさんは　ぎゅうにくが　すきですか。」
木田「はい、いつも　（　　　）。」

1 たべたいです　　　　　　　2 たべて　あります

3 たべて　しまいます　　　　4 たべたがります

166

もんだい2　__★__に　入る　ものは　どれですか。1・2・3・4から　いちばん　いい　ものを　一つ　えらんで　ください。

(問題例)　　つくえの　____　____　__★__　____　あります。

　　　　　1　が　　　　2　に　　　　3　上　　　　4　ペン

(答え方)

1. 正しい　文を　作ります。

> つくえの　____　____　__★__　____　あります。
>
> **1　上　　2　に　　3　ペン　　4　が**

2. __★__に　入る　番号を　黒く　塗ります。

(解答用紙)　　**(例)**　①　●　③　④

16　けさ　頭が　____　____　__★__　____　行きました。

　　　1　病院に　　　　2　いたかった　　3　近くの　　　　4　ので

17 午前中は ＿＿＿ ＿＿＿ ★＿ ＿＿＿ 多く　なるでしょう。

1　くもが　　　　2　いい　　　　　3　昼からは　　　4　天気ですが

18 サッカーの　練習を　して　いる　時 ＿＿＿ ＿＿＿ ★＿ ＿＿＿ しました。

1　けがを　　　　2　に　　　　　　3　わたしは　　　4　足に

19 花子さんは　日よう日 ＿＿＿ ＿＿＿ ★＿ ＿＿＿ 買い物に　行きました。

1　デパート　　　2　午後　　　　　3　へ　　　　　　4　の

20 弟は　最近 ＿＿＿ ＿＿＿ ★＿ ＿＿＿ 兄より　大きいです。

1　大きく　　　　2　体が　　　　　3　なって　　　　4　どんどん

もんだい3　21 から 25 に 何を 入れますか。文章を 意味を 考え
て、1・2・3・4から いちばん いい ものを 一つ え
らんで ください。

　わたしが かようて いる 学校の 日本語コースは、とても やる ことが
多くて たいへんです。毎日の ように 新しい ことばや かんじを おぼえ
なければ なりません。かんじは かきかたや よみかた 21 たくさん れん
しゅうしなければ なりません。アメリカで うまれた わたしとしては かん
じを ならった ことが ないから それは 22 べんきょうの 中で 一つで
す。そして しゅくだいも たくさん ありますから、どようびや にちようび
の やすみの 日にも、しゅくだいを しなければ なりません。日本へ 来よ
うと 思った ときは、しゅうまつは アルバイトでも 23 しましたが、とて
も むりでした。

　友だちは しゅくだいが 24 ありませんから、そんなに いそがしく な
いです。どようびや にちようびも ひとりで えいがを 見に 行ったり、本
を よんだり 買いものに 行ったり します。わたしも いっしょに 行きた
いです。でも、しゅくだいが 多いですから 25 。

21

　　1 で　　　　　　2 まで　　　　　3 が　　　　　　4 は

22

1　かんたんな　　2　やさしい　　　3　むずかしい　　4　やわらかい

23

1　すると　　　　2　しそうと　　　3　するらしいと　4　しようと

24

1　あまり　　　　2　もっと　　　　3　だんだん　　　4　そろそろ

25

1　行けません　　　　　　　　2　行きたいです

3　行きたく　ないです　　　　4　行った　ほうが　いいです

もんだい４　つぎの（１）から（４）の文章を読んで、質問に答えてください。答
　　　　　えは１・２・３・４からいちばんいいものを一つえらんでくだ
　　　　　さい。

（1）

> 　わたしは子どもの時からあまいものがだいすきでした。たとえばアイスクリ
> ームです。とくに、チョコレートがたくさん入っているアイスクリームが好きで
> す。また、ケーキも好きです。一日一回はアイスクリームを食べて、一週間に一
> 回は友だちとケーキを食べに行きます。またごはんを食べたあとは、あまいくだ
> ものを食べます。きのうはイチゴを食べました。
> 　わたしはあまいものをたくさん食べたので、（　　　　　　　）。

26　（　　　　　　　）に入るものは何ですか。

　1　かおが悪くなりました

　2　頭が悪くなりました

　3　はが悪くなりました

　4　はがきれいになりました

(2)

　きのう、ひさしぶりにアメリカの友だちのジョンソンさんに会いました。
　ジョンソンさんはボストンの大学で経営学をべんきょうしています。ボストンは人々が親切だし、美しくてきれいな町で、広い公園もたくさんあって、とても住みやすいところだと言っていました。でも、冬はとても寒く、夏もとてもあついそうです。わたしは寒さに弱いので、寒い冬がとてもつらいです。

27 ボストンはどんなところですか。

　1　夏はすずしいが、冬は寒い。

　2　寒さに弱い人にいいところだ。

　3　とてもきれいな町だが、寒いところだ。

　4　人々は親切だが、公園があまりない。

(3)

　わたしは子どものときからいしゃになりたかったんです。なぜなら、お金がなくて病院に来られない人のためです。それで、いっしょうけんめいべんきょうしましたが、大学に落ちてしまいました。もう一年べんきょうして、いがくのしけんをうけましたが、また落ちてしまったのです。それで、今はかんごふの仕事をしています。いしゃではないですが、わたしは病気にかかった人々のため、毎日いっしょうけんめい仕事をしています。今は病院ではたらくことになったのがとてもうれしいです。

28 この人の子どものときのゆめと、今の仕事は何ですか。

1 子どものとき ― いしゃ　　今 ― かんごふ

2 子どものとき ― かんごふ　　今 ― かんごふ

3 子どものとき ― いしゃ　　今 ― いしゃ

4 子どものとき ― かんごふ　　今 ― いしゃ

(4)

　きのう、デパートでシャツを買いました。セール中で、いちまい千5百円のものが千円でした。それで、わたしは白と赤、にまい買いました。でも、みせの人がさんまい買うと、もう5百円安くしますと言ったので、青のシャツもいちまい買いました。ぜんぶ3まい買いましたが、とても安かったのでうれしかったのです。

29 この人はいくらはらいましたか。

1　2000円

2　2500円

3　3000円

4　4000円

　私は先月から水泳教室にかよいはじめました。友だちがいっしょに行こうと言ったので、はじめは、クラスメートの３人といっしょでした。最初はみんないっしょうけんめいやったのに、１か月がすぎないうちに、たいへんだと言って水泳教室をやめてしまいました。私も学校の授業とスポーツをいっしょにするのはひじょうにたいへんだったんですが、３か月がすぎた今は一日も水泳をしないと、何かすっきりしないような気がするのです。それに、体もおかしくなったりします。水泳はとてもいい運動です。毎日ではなく、週に２～３回ぐらいやるだけでも、体がやわらかくなりますし、それにけんこうにもすごくやくにたちます。

　水泳を習う前は、２階ぐらいの階段をのぼることにも疲れましたが、今は６階にある私のアパートにも歩いてのぼるぐらい元気になりました。病気になってくすりを飲んだり、病院にかようより、毎日の運動がいいことは言うまでもありません。でも、時間がないとか、仕事で疲れたとかの理由で全然運動をしない方が多いと思います。これから一日に１０分でもいいですから運動を始めてみてはいかがでしょうか。きっと毎朝、気持ちよく起きられると思います。

30　友だちはいつ水泳教室をやめましたか。

　1　水泳をならってから１か月がすぎてから

　2　水泳をならってから１か月になる前に

　3　さいしょからぜんぜんしなかった。

　4　今もかよいつづけている。

31 この人は水泳をどう思っていますか。

　1　水泳はけんこうにはいいが仕事にはよくない。

　2　水泳だけでなくほかの運動もしたほうがいい。

　3　いくらいい水泳でもやりすぎるとよくないと思っている。

　4　いろんなところでやくにたつから水泳をやったほうがいい。

32 この人が水泳を習ってから変わったことではないのは何ですか。

　1　簡単に階段をのぼれるようになった。

　2　あまり疲れを感じないようだ。

　3　いつもの病気が治ったようだ。

　4　体がとてもよくなったようだ。

33 この人は、ほかの人がどうして運動をしてないと思っていますか。

　1　たくさんの仕事で時間がとれないと思っているから

　2　毎日運動するのがきらいだと思っているから

　3　会社の近くに運動するところがないから

　4　毎日けんこうのためにくすりを飲むから

もんだい6　右のページはゴミが捨てられる日の表です。質問に答えてくださ
い。答えは1・2・3・4からいちばんいいものを一つえらんで
ください。

34 城南区長尾の2丁目に住んでいる人が、FAX用紙を捨てられる日はいつですか。

　1　水・土よう日

　2　月・木よう日

　3　土よう日

　4　火・土よう日

35 城南区長尾の3丁目に住んでいる人が、ペットボトルを捨てられる日はいつで
すか。

　1　木よう日

　2　土よう日

　3　火よう日

　4　金よう日

ゴミが捨てられる日

城南区・長尾	もえるごみ	資源ごみ	もえないごみ
1丁目	水・土よう日	木よう日	月よう日
2丁目	月・木よう日	土よう日	火よう日
3丁目	火・金よう日	土よう日	火よう日
4丁目	月・木よう日	水よう日	金よう日

ゴミの種類

★ もえるごみ　　：紙コップ、ビニール類、しゃしん、FAX用紙など

★ 資源ごみ　　　：ペットボトル、新聞紙、雑誌、ダンボール、空きカン、
　　　　　　　　　　空きビンなど

★ もえないごみ　：かさ、フライパン、やかん、食器、コップなど

N4 모의테스트 3회

聴解

(60点・35分)

1. 試験開始の合図があるまで、この問題用紙を開けないでください。

2. この問題用紙を持ち帰ることはできません。

3. 受験番号と名前を下の欄に、はっきりと書いてください。

4. この問題用紙は、全部で12ページあります。

受験番号	
名前	

<ruby>問<rt>もん</rt></ruby><ruby>題<rt>だい</rt></ruby>1

もんだい1では、まず　しつもんを　聞<rt>き</rt>いて　ください。それから　話<rt>はなし</rt>を
聞<rt>き</rt>いて、もんだいようしの　1から4の　中<rt>なか</rt>から、いちばん　いいものを
一<rt>ひと</rt>つ　えらんで　ください。

1 ばん

2 ばん

3 ばん

1 1月　5日

2 2月　4日

3 2月　6日

4 3月　5日

4 ばん

1 何も　食べない

2 ラーメンを　食べる

3 うどんを　食べる

4 そばを　食べる

5 ばん

1 お笑いの　映画を　見る

2 こわい　映画を　見る

3 お笑いの　映画も　こわい　映画も　見る

4 お笑いの　映画も　こわい　映画も　見ない

6 ばん

1 地下

2 2階

3 3階

4 4階

7 ばん

1 3時

2 3時 10分

3 3時 20分

4 3時 30分

8 ばん

日	月	火	水	木	金	土
		1	2	3	4	5
6	7	⑧	9	10	11	12
13	⑭	⑮	⑯	17	18	19
20	21	22	23	24	25	26
27	28	29	30	31		

問題2

もんだい２では、まず　しつもんを　聞いて　ください。そのあと、もんだいようしを　見て　ください。読む　時間が　あります。それから　話を　聞いて、もんだいようしの　１から４の　中から、いちばん　いいものを　一つ　えらんで　ください。

1 ばん

1　サングラス

2　ぼうし

3　さいふ

4　サンダル

2 ばん

1　そば

2　うどん

3　ラーメン

4　スパゲッティ

3 ばん

1 テープレコーダーと　サンダル

2 テープレコーダーと　かさ

3 かさと　サンダル

4 かさと　サンダルと　ビール

4 ばん

1 電車に　乗ってから　歩いた

2 タクシーに　乗ってから　歩いた

3 自転車に　乗ってから　歩いた

4 歩いてから　タクシーに　乗った

5 ばん

1 友だちの　たんじょうびが　わからないから
2 友だちの　家が　どこに　あるか　わからないから
3 友だちは　ほしい　物が　たくさん　あるから
4 友だちの　好きな　色が　わからないから

6 ばん

1 10人
2 30人
3 40人
4 50人

7 ばん

1 ギターを　なおして　いる

2 ギターを　おしえて　いる

3 ギターを　ならって　いる

4 何も　して　ない

問題3

もんだい３では、えを　見ながら　しつもんを　聞いて　ください。やじるし（→）の　人は　何と　言いますか。１から３の　中から、いちばん　いいものを　一つ　えらんで　ください。

1 ばん

2 ばん

3 ばん

4 ばん

5 ばん

<ruby>問<rt>もん</rt></ruby><ruby>題<rt>だい</rt></ruby>4

もんだい４では、えなどが　ありません。まず　ぶんを　<ruby>聞<rt>き</rt></ruby>いて　ください。
それから、その　へんじを　<ruby>聞<rt>き</rt></ruby>いて、１から３の　<ruby>中<rt>なか</rt></ruby>から、いちばん　いいも
のを　<ruby>一<rt>ひと</rt></ruby>つ　えらんで　ください。

－メモ－

정답 &
청해 스크립트

N5 모의테스트 1회

언어지식(문자 · 어휘)

問題 1　| 1 | 3 | 2 | 2 | 3 | 4 | 4 | 1 | 5 | 2 | 6 | 3 |
| 7 | 1 | 8 | 4 | 9 | 3 | 10 | 1 | 11 | 4 | 12 | 3 |

問題 2　| 13 | 3 | 14 | 2 | 15 | 2 | 16 | 2 | 17 | 3 |
| 18 | 4 | 19 | 3 | 20 | 1 |

問題 3　| 21 | 1 | 22 | 2 | 23 | 1 | 24 | 2 | 25 | 4 |
| 26 | 3 | 27 | 2 | 28 | 3 | 29 | 4 | 30 | 1 |

問題 4　| 31 | 2 | 32 | 4 | 33 | 1 | 34 | 3 | 35 | 2 |

언어지식(문법) · 독해

問題 1　| 1 | 1 | 2 | 2 | 3 | 4 | 4 | 1 | 5 | 2 |
| 6 | 3 | 7 | 1 | 8 | 2 | 9 | 1 | 10 | 2 |
| 11 | 1 | 12 | 4 | 13 | 3 | 14 | 1 | 15 | 3 | 16 | 2 |

問題 2　| 17 | 3 | 18 | 4 | 19 | 2 | 20 | 2 | 21 | 1 |

問題 3　| 22 | 4 | 23 | 1 | 24 | 2 | 25 | 3 | 26 | 2 |

問題 4　| 27 | 2 | 28 | 3 | 29 | 3 |

問題 5　| 30 | 3 | 31 | 2 |

問題 6　| 32 | 4 |

청해

問題 1　1 4　2 3　3 4　4 4　5 4　6 3　7 3

問題 2　1 2　2 1　3 3　4 4　5 2　6 2

問題 3　1 3　2 3　3 1　4 2　5 3

問題 4　1 2　2 1　3 2　4 1　5 3　6 1

청해 스크립트

(M: 男性、男の子、F: 女性、女の子)

<問題1>　🔊 N5-T1-01

問題1では初めに、質問を聞いてください。それから話を聞いて、問題用紙の1から4の中から、一番いいものを一つ選んでください。では、練習しましょう。

例

男の人と女の人が話しています。雑誌はいつ捨てられますか。

M: 今日、新聞を出してもいい？

F: 新聞は月ようと水ようだわ。火ようと木・金ようは紙以外のごみ。

M: じゃあ。雑誌も新聞と同じなの？

F: うん。火よう日は大きいものがすてられるよ。

M: テレビとかね。…今日は日よう日だから明日かしあさって捨てられるよね。

雑誌はいつ捨てられますか。

一番いいものは2番です。解答用紙の問題1の例のところを見てください。一番いいものは2番ですから、答えはこのように書きます。では、始めます。

1ばん　🔊 N5-T1-02

女の人と男の人がカレンダーを見ながら話しています。二人はいつ映画に行きますか。

M: 来週、会社のあとで映画に行きませんか。

F: いいですね。私も見たかった映画があったんですよ。いつがいいですか。

M：そうですね。私は水よう日と金よう日以外は
大丈夫ですよ。

F：そうですか。私は四日から六日まで仕事で東
京に行きます。

M：じゃ、この日にしましょうか。

F：はい。

二人はいつ映画に行きますか。

2ばん　🔊 N5-T1-03

会社で女の人と男の人が話しています。二人は
お昼ご飯の前に何をしますか。

M：杉本さんはもうお昼ご飯を食べましたか。

F：いいえ、まだです。

M：じゃあ、いっしょに食べませんか。

F：いいですよ。でも先に郵便局へ行きたいです。

M：私もいっしょに郵便局へ行きます。郵便局の
近くにおいしいカレーの店があるので、そこ
で食べませんか。

F：カレーですか…辛い料理はちょっと…。

M：じゃあ、天ぷらはどうですか。近くに天ぷら
の店もありますよ。前に行きましたが、おい
しかったです。

F：そうですか。では、そこで食べましょう。

二人はお昼ご飯の前に何をしますか。

3ばん　🔊 N5-T1-04

女の人が話しています。これを聞いた後でキム
さんはどうしますか。

F：もしもし、こんばんは。宇野です。明日の映
画ですが、行くことができません。いきなり
国の両親が来ますので。あさってなら大丈夫
なんですが、キムさんはどうですか。これを
聞いたら私に電話をください。キムさん、
本当にすみません。

これを聞いた後でキムさんはどうしますか。

4ばん　🔊 N5-T1-05

男の人と女の人が学校で話しています。男の人
は冬休みに何をしますか。

F：来週から冬休みですが、リュウさんは国へ帰
るんですか？

M：いいえ。２週間しかありませんから、日本に
います。アルバイトをします。

F：そうですか。

M：後藤さんは何かしますか。

F：私は沖縄へ旅行に行きます。

M：沖縄？

F：南にあるから、あたたかくていいですよ。

M：へえー、そうなんですか。

男の人は冬休みに何をしますか。

5ばん　🔊 N5-T1-06

店で男の人と女の人が話しています。男の人は
どんなペンを買いますか。

F：どんなペンをおさがしでしょうか。

M：今持っているペンは長いので、短いのがほし
いです。

F：短いのですね。では、色はどうなさいますか。

M：黒と青を２本ずつください。あ、いや。青は
いいです。

F：はい、分かりました。少々お待ちください。

男の人はどんなペンを買いますか。

6ばん　N5-T1-07

男の人と女の人が話しています。今何時ですか。

M：3時出発予定の飛行機が何時に飛ぶって？

F：向こうの天気が悪くて1時間遅くなるって。

M：あと2時間も待たなければならないね。

F：そうよね。今2時だからね。

M：コーヒーでも飲みに行こう。

F：うん。いいわね。

今何時ですか。

7ばん　N5-T1-08

先生と学生が話しています。テストの時、見てもいいものはどれですか。

M：明日から英語のテストがあります。

F：先生、テストの時、辞書は見てもいいですか。

M：いいえ、だめです。テキストもいけませんよ。

F：ノートはどうですか。

M：うん。自分のはいいんですが、友だちのノートなどはだめです。

テストの時、見てもいいものはどれですか。

<問題2>　N5-T1-09

問題2では、初めに質問を聞いてください。それから話を聞いて、問題用紙の1から4の中から、一番いいものを一つ選んでください。では、練習しましょう。

例

友だち二人が話しています。だれが病気でしたか。

F：杉本さん、週末はどうだった？

M：あまりよくなかったよ。母が病気だったので、お父さんが病院に連れて行ったんだ。

F：お母さんはもう大丈夫なの？

M：うん。ずっとよくなったよ。

F：それはよかったわね。

だれが病気でしたか。

一番いいものは2番です。解答用紙の問題2の例のところを見てください。一番いいものは2番ですから、答えはこのように書きます。では、始めます。

1ばん　N5-T1-10

男の人と女の人が話しています。新聞はどこにありますか。

M：あのう、新聞はどこにありますか。

F：あ、新聞ですか。

M：はい。

F：テーブルの上にありませんでしたか。ベッドのよこの…。

M：いや、ありませんでしたよ。あっちの窓の前のつくえにもなかったし。

F：じゃあ、本だなの中かなあ。

M：分かりました。

F：あ、あります。つくえの下におちてありました。

M：そうですか。

新聞はどこにありますか。

2ばん　N5-T1-11

お父さんとお母さんが話しています。スリッパはどこにありますか。

M：さっきまでドアの前にあったのに、おかしい
　　な。
F：何さがしているの？
M：スリッパがないんだよ。
F：リエちゃんが持ってあそんでたよ。
M：それで、どこにあるの？
F：子どもべやにあるわ。

スリッパはどこにありますか。

3ばん　🔊 N5-T1-12

二人が電話で話しています。エリカさんは今どこ
にいますか。

M：もしもし？
F：もしもし、私はテニスチームの山田です。エ
　　リカさんお願いします。
M：すみません。エリカは今おばの家にいます。
F：そうですか。すみません。いつ帰りますか。
M：もうすぐ帰ると思いますが…。何かお話でも
　　…。
F：実は、明日映画を見に行こうと約束したけど、
　　行けなくなって…。
M：そうですか。そのように伝えます。
F：すみません。お願いします。

エリカさんは今どこにいますか。

4ばん　🔊 N5-T1-13

友だち二人が話しています。ミチコさんの問題は
何ですか。

F：田中さん、あなたの辞書を使ってもいい？
M：どうして？きみの辞書はどこにあるの？
F：家に置いてきたのよ。
M：いつもそうなんだから…。

F：ごめん。昨日遅くまでテレビを見て…。
M：使ってもいいけど、つぎの授業で使うからな。
F：うん、分かった。

ミチコさんの問題は何ですか。

5ばん　🔊 N5-T1-14

男の子が話しています。男の子は何について話し
ていますか。

M：私の家には、花がいっぱいの庭があります。
　　ぼくはよくそこで、妹といっしょに遊びま
　　す。でも、雨が降るときは遊ぶことができま
　　せん。だけど、そこにはいろんな花や木があ
　　ってとてもうれしいです。

男の子は何について話していますか。

6ばん　🔊 N5-T1-15

男の人と女の人が話しています。今日は何よう日
ですか。

F：岡田さん、明日が土よう日だよね。
M：ううん。金よう日。どうして？土よう日に何
　　かあるの？
F：そうじゃなくて、仕事がたいへんだから休み
　　たくて。
M：それで休みがほしいんだ。じゃ、日よう日に
　　温泉でも行こうか。
F：ううん。今週は休みたいの。あと二日すぎる
　　と土よう日か、つかれたな。

今日は何よう日ですか。

<問題3> 🔊 N5-T1-16
問題3では、絵を見ながら質問を聞いてください。やじるし（→）の人は何と言いますか。1から3の中から、一番いいものを一つ選んでください。では、練習しましょう。

例

教室がうるさくて先生がしかっています。何と言いますか。

F：1. みなさん、準備してください。
　　2. みなさん、静かにしてください。
　　3. みなさん、早くしてください。

一番いいものは2番です。解答用紙の問題3の例のところを見てください。一番いいものは2番ですから、答えはこのように書きます。では、始めます。

1ばん 🔊 N5-T1-17

本を買いにデパートへ来ました。何と言いますか。

M：1. 本を貸してください。
　　2. 図書館はどこにありますか。
　　3. 辞書は何階で売っていますか。

2ばん 🔊 N5-T1-18

時間を聞いています。何と言いますか。

F：1. すみません。今行ってもいいですか。
　　2. すみません。いつ帰りますか。
　　3. すみません。今何時ですか。

3ばん 🔊 N5-T1-19

先生にテストについて聞いています。何と言いますか。

M：1. 先生、質問がありますが。
　　2. 先生、頭が痛いんですが。
　　3. 先生、お腹がすきました。

4ばん 🔊 N5-T1-20

店でご飯を食べようとしています。何と言いますか。

F：1. すみません。いくらですか。
　　2. すみません。カレー一つください。
　　3. すみません。今日はこれで。

5ばん 🔊 N5-T1-21

子供がお腹がすいています。何と言いますか。

M：1. お母さん、もうやめましょう。
　　2. お母さん、雨が降っています。
　　3. お母さん、何か食べましょう。

<問題4> 🔊 N5-T1-22

問題4では、絵などがありません。文を聞いて、1から3の中から、一番いいものを一つ選んでください。では、練習しましょう。

例

F：これは何で食べますか。
M：1. 一人で食べます。
　　2. 焼いて食べます。
　　3. 手で食べます。

一番いいものは３番です。解答用紙の問題４の例のところを見てください。一番いいものは３番ですから、答えはこのように書きます。では、始めます。

1ばん 🔊 N5-T1-23

M: さちこさんのお父さんはどの人ですか。

F: 1. 父は医者です。

　　2. めがねをかけた人です。

　　3. たいへん元気です。

2ばん 🔊 N5-T1-24

F: 暑くないですか。

M: 1. はい、暑くないです。

　　2. はい、暑かったです。

　　3. はい、暑くなかったです。

3ばん 🔊 N5-T1-25

M: だれと来ましたか。

F: 1. きのう来ました。

　　2. 一人で来ました。

　　3. 地下鉄で来ました。

4ばん 🔊 N5-T1-26

F: 東京と大阪と、どちらのほうが寒いですか。

M: 1. 東京のほうが寒いです。

　　2. 東京がいちばん寒いです。

　　3. 東京と大阪が寒いです。

5ばん 🔊 N5-T1-27

M: どこでさいふをなくしたか分かりますか。

F: 1. はい、さいふです。

　　2. はい、どこかでなくしました。

　　3. いいえ、ぜんぜん分かりません。

6ばん 🔊 N5-T1-28

F: ジュースはいかがですか。

M: 1. はい、いただきます。

　　2. はい、まいりました。

　　3. はい、いらっしゃいます。

언어지식(문자 · 어휘)

問題1 ① 3 ② 2 ③ 1 ④ 2 ⑤ 4 ⑥ 2
⑦ 1 ⑧ 4 ⑨ 3 ⑩ 2 ⑪ 4 ⑫ 1

問題2 ⑬ 2 ⑭ 1 ⑮ 3 ⑯ 2 ⑰ 4
⑱ 1 ⑲ 3 ⑳ 4

問題3 ㉑ 2 ㉒ 3 ㉓ 1 ㉔ 2 ㉕ 1
㉖ 4 ㉗ 2 ㉘ 4 ㉙ 3 ㉚ 2

問題4 ㉛ 4 ㉜ 1 ㉝ 3 ㉞ 1 ㉟ 4

언어지식(문법) · 독해

問題1 ① 3 ② 1 ③ 2 ④ 4 ⑤ 2
⑥ 3 ⑦ 1 ⑧ 4 ⑨ 2 ⑩ 1
⑪ 4 ⑫ 2 ⑬ 4 ⑭ 1 ⑮ 2 ⑯ 1

問題2 ⑰ 2 ⑱ 2 ⑲ 3 ⑳ 4 ㉑ 1

問題3 ㉒ 3 ㉓ 1 ㉔ 2 ㉕ 4 ㉖ 2

問題4 ㉗ 2 ㉘ 1 ㉙ 4

問題5 ㉚ 3 ㉛ 2

問題6 ㉜ 1

청해

問題1 1 3 2 3 3 1 4 1 5 3 6 1 7 2

問題2 1 4 2 4 3 2 4 1 5 4 6 3

問題3 1 3 2 2 3 1 4 3 5 2

問題4 1 1 2 1 3 2 4 2 5 3 6 1

청해 스크립트

(M: 男性、男の子、F: 女性、女の子)

<問題1> N5-T2-01

問題1では初めに、質問を聞いてください。それから話を聞いて、問題用紙の1から4の中から、一番いいものを一つ選んでください。

1ばん

店で男の人が注文しています。どうすればコーヒーが飲めますか。

F：お決まりでしょうか。

M：はい、ハンバーグ定食ください。

F：ライスとパンはどちらになさいますか。

M：えーっと、パン。

F：かしこまりました。お飲み物はよろしいですか。

M：ついてるんですか。

F：定食をご注文のお客様にはプラス１００円でコーヒーをお出しできます。

M：１００円？じゃあ、コーヒー。

F：ホットでよろしいですか。

M：いえ、アイスで。

F：アイスコーヒーですね。かしこまりました。少々お待ちください。

どうすればコーヒーが飲めますか。

2ばん　N5-T2-02

友だち二人が話しています。二人はいつテニスをしますか。

M：しずか、明日の土よう日、時間どう？

F：明日はアルバイトがあるんだ。で、どうして？

M：テニスをしようかなと思って。

F：テニス？ふーむ、日よう日ならいいけどさ。

M：日よう日はボクがだめなんだ。

F：一日中だめなの？

M：午後から映画に行く約束があるんだよ。

F：それじゃ、午前中にやればいいじゃない？

M：そうだね。そうしよう。

二人はいつテニスをしますか。

3ばん 🔊 N5-T2-03

店で店長が店員に話しています。店員はいつ服を着がえますか。

F：アルバイトの時間は5時からですが、その前に服を着がえてください。そして5時ちょうどに仕事を始めてください。お客様がいない時もいすに座ってはいけません。ずっと立っていてください。お客様がお店に入ってきたら、すぐに「いらっしゃいませ」と言ってください。

店員はいつ服を着がえますか。

4ばん 🔊 N5-T2-04

女の人が店でドレスを買っています。女の人はどんなことが分かりますか。

M：いらっしゃいませ。

F：このドレスはきれいね。おいくらかしら。

M：普通は2万5千円ですが、今日と明日はセールです。

F：本当なの？いくらお得なのかしら？

M：今ならたったの1万円でお求めになれます。

F：それはよかった。白じゃなくて赤はありますか。

M：はい、少々お待ちください。

女の人はどんなことが分かりますか。

5ばん 🔊 N5-T2-05

会社で友だち二人が話しています。はる子さんは来月何をする予定ですか。

M：はる子、アメリカで仕事をする予定だそうだね。

F：うん。来月、会社が私をそこに転勤させるのよ。

M：どう？わくわくしてる？

F：少しね。それで先月から英語の勉強しているわよ。

M：きみ、英語ができるんじゃない？

F：でも、だいぶ使ってないから自分の英語が心配でもあるわ。

はる子さんは来月何をする予定ですか。

6ばん 🔊 N5-T2-06

男の人と女の人が話しています。二人はプレゼントで何を買いますか。

M：後輩の卒業のプレゼントは何がいいかな。

F：そうね。万年筆とかはどうかしら。もう会社にもつとめるし。

M：でも、最近は万年筆はあまり使わないからな。

F：それもそうね。

M：本はどうかなあ。やっぱり学校にいる時より本を買ったり読んだりする時間がないから。

F：ふーん。それもいいけど、くつはどう？あまり持ってないと思うわ。

M：どんな色が好きか知らないし、まだサイズも知らないから、くつはちょっとね。

F：やっぱり読むものがいいか。じゃ、それにしましょう。

二人はプレゼントで何を買いますか。

7ばん 🔊 N5-T2-07

男の人と女の人と話しています。今日は何ようび日ですか。

F：山田さんはいつアメリカへ行ったの？

M：おととい行ったって。

F：おとといって火よう日だよね。

M：うん。実はあさって土よう日に行くつもりだったけど、予約がとれなかったらしいよ。

F：いつ帰ってくる？

M：明日だって。

今日は何よう日ですか。

＜問題2＞ 🔊 N5-T2-08

問題2では初めに、質問を聞いてください。それから話を聞いて、問題用紙の1から4の中から、一番いいものを一つ選んでください。

1ばん

会社で男の人と女の人が話しています。吉本さんの友だちはどの人ですか。

M：吉本さん、友だちがロビーで待っていますよ。

F：友だち？

M：はい。白いスカートをはいてチェックのシャツを着ていましたが。

F：白いスカートにチェックのシャツ？

M：山田エリ…という…。

F：あ、エリカちゃんが来たのか。ありがとう。

吉本さんの友だちはどの人ですか。

2ばん 🔊 N5-T2-09

女の人と男の人が話しています。池田さんの鉛筆はどれですか。

F：池田さんの鉛筆、短いですね。

M：最初は長かったんですが、たくさん使ったのでとても短くなりました。

F：でも、ちょっと太いですから、不便だと思いますけど。

M：いいえ。私には細い鉛筆のほうが不便です。

F：そうですか。

池田さんの鉛筆はどれですか。

3ばん 🔊 N5-T2-10

女の人と店員が話しています。日本語の辞書は何階で売っていますか。

F：すみません。日本語の辞書を買いたいんですが。

M：3階が本屋です。

F：さっき、行きましたが、なかったんです。

M：あ、すみません。3階は外国の本を売っています。その下の階です。

F：ありがとうございます。

日本語の辞書は何階で売っていますか。

4ばん 🔊 N5-T2-11

女の人が話しています。女の人は去年の夏、何をしましたか。

F：私と家族は去年の夏休みにインドへ行きました。とても暑かったのですが、私はインドが気に入りました。その中でインドのカレーの味は今も忘れられません。今年はハワイへ行くつもりですが、家族は韓国に行きたいと言っています。

女の人は去年の夏、何をしましたか。

5ばん 🔊 N5-T2-12

男の子が話しています。男の子は何について話していますか。

M: 私は家の近くにある動物園へ行くのが好きです。たくさんの動物を見たり、その写真をとったりすることができます。私は動物の中でライオンが一番好きです。

男の子は何について話していますか。

6ばん 🔊 N5-T2-13

友だち二人が話しています。男の人はなぜうれしいですか。

F：かずおくん、うれしそうね。

M: うん。両親が私の誕生日に、プレゼントをくれたんだ。

F：何もらったの？

M: この時計。

F：それはいいわね。ケーキも食べたの？

M: ううん。お母さんが土よう日に作ってくれるんだ。

男の人はなぜうれしいですか。

<問題3> 🔊 N5-T2-14

問題3では、絵を見ながら質問を聞いてください。やじるし（→）の人は何と言いますか。1から3の中から、一番いいものを一つ選んでください。

1ばん

電車の中でかばんを忘れてしまったので駅へ来ました。何と言いますか。

M: 1. すみません。電車に乗りたいんですが。

　　2. すみません。かばんを持ってきてください。

　　3. すみません。電車の中でかばんを置いておりたんです。

2ばん 🔊 N5-T2-15

山田さんは杉本さんにはじめて会いました。何と言いますか。

F：1. 杉本さん、山田と申します。お久しぶりです。

　　2. はじめまして。山田と申します。どうぞよろしく。

　　3. 山田と申します。行ってらっしゃい。

3ばん 🔊 N5-T2-16

息子は明日、朝早く用事があります。何と言いますか。

M: 1. お母さん、明日6時に起こしてください。

　　2. お母さん、今日は遅くなりますよ。

　　3. お母さん、明日はねぼうしたいです。

4ばん 🔊 N5-T2-17

友だちのかずおさんから誕生日のプレゼントをもらいました。何と言いますか。

F：1. かずおさん、ごちそうさま。

　　2. かずおさん、さようなら。

　　3. かずおさん、ありがとう。

5ばん 🔊 N5-T2-18

お父さんが会社から帰ってきました。何と言いますか。

M: 1. お父さん、ただいま。

2. お父さん、おかえりなさい。

3. お父さん、ありがとう。

<問題4> 🔊 N5-T2-19

問題4では、絵などがありません。文を聞いて、1から3の中から、一番いいものを一つ選んでください。

1ばん

M: お国は？

F : 1. 中国です。

　　2. 山田さんです。

　　3. 23才です。

2ばん 🔊 N5-T2-20

F : それはだれの本ですか。

M: 1. 田中さんの本です。

　　2. 日本語の本です。

　　3. 新しい本です。

3ばん 🔊 N5-T2-21

M: けさ何を食べましたか。

F : 1. ズボンです。

　　2. パンです。

　　3. レストランです。

4ばん 🔊 N5-T2-22

F : りんごはいくつありますか。

M: 1. 3本あります。

　　2. 3個あります。

　　3. 3冊あります。

5ばん 🔊 N5-T2-23

M: 暑いですか。

F : 1. いいえ、暑いです。

　　2. いいえ、暑かったです。

　　3. いいえ、暑くないです。

6ばん 🔊 N5-T2-24

F : 会社へ何で行きますか。

M: 1. バスで行きます。

　　2. 一人で行きます。

　　3. 毎朝行きます。

N4 모의테스트 1회

언어지식(문자·어휘)

問題1 [1] 3 [2] 2 [3] 3 [4] 2 [5] 1
　　　 [6] 2 [7] 1 [8] 4 [9] 2

問題2 [10] 2 [11] 1 [12] 1 [13] 2 [14] 2 [15] 4

問題3 [16] 4 [17] 1 [18] 3 [19] 2 [20] 1
　　　 [21] 4 [22] 1 [23] 3 [24] 2 [25] 1

問題4 [26] 1 [27] 4 [28] 3 [29] 2 [30] 3

問題5 [31] 1 [32] 3 [33] 3 [34] 2 [35] 4

언어지식(문법)·독해

問題1 [1] 1 [2] 2 [3] 4 [4] 1 [5] 3
　　　 [6] 1 [7] 2 [8] 1 [9] 3 [10] 1
　　　 [11] 1 [12] 2 [13] 3 [14] 1 [15] 3

問題2 [16] 2 [17] 2 [18] 2 [19] 1 [20] 4

問題3 [21] 3 [22] 1 [23] 4 [24] 2 [25] 3

問題4 [26] 2 [27] 2 [28] 3 [29] 4

問題5 [30] 4 [31] 1 [32] 2 [33] 3

問題6 [34] 3 [35] 3

청해

問題1 1 3 2 2 3 3 4 4 5 4 6 3 7 1 8 2

問題2 1 3 2 2 3 4 4 2 5 1 6 3 7 4

問題3 1 3 2 3 3 2 4 1 5 2

問題4 1 3 2 3 3 2 4 1 5 2 6 1 7 3 8 3

청해 스크립트

(M: 男性、男の子、F: 女性、女の子)

<問題1> 🔊 N4-T1-01

問題1では、まず質問を聞いてください。それから話を聞いて、問題用紙の1から4の中から、一番いいものを一つ選んでください。では、練習しましょう。

例

女の人と男の人が話しています。男の人はこれからどうしますか。

F：あ〜あ、お腹すいちゃった。山田さん、何か食べます？ケーキはどうですか。さっきパン屋で買っておいたのがあります。

M：ケーキですか。さっきサンドイッチを食べたところなんです。

F：でも、このケーキ、なかなかおいしいですよ。

M：食べたいけど、お腹がいっぱいなので…。

F：じゃ、コーヒーは？

M：あ、けっこうです。

男の人はこれからどうしますか。

一番いいものは1番です。解答用紙の問題1の例のところを見てください。一番いいものは1番ですから、答えはこのように書きます。では、始めます。

1番 🔊 N4-T1-02

男の人と女の人が花をかざるところについて話しています。どこに花をかざりますか。

F：次の日よう日に友だちが遊びに来るんでしょう？ この部屋、寂しくない？

M：そうだね。花でもかざろうか。

F：そうね。どこにかざる？

M：電話のよこは？

F：ちょっと狭いんじゃない？

M：じゃあ、テレビのよこは？

F：そこは絵があるから、花はいらないよね。

M：じゃあ、テーブルの上だね。

F：そうね。

M：こっちのテーブルだと小さくてじゃまになるから、そっちにしよう。

どこに花をかざりますか。

2番 🔊 N4-T1-03

男の人と女の人が話しています。女の人はいつ工場へ行きますか。

M：名古屋の工場へ行ってもらいたいんだけど、いつ時間があるかな？

F：今日はイさんとの食事が終わったら他に予定はありませんが。

M：でも、食事の後だと遅くなるよね？

F：はい、工場に着くのは夕方になると思います。

M：2時頃着くようにしてもらいたいんだけど。

F：では、午後の予定が入っていない日に行きましょうか。

M：じゃ、頼むよ。

女の人はいつ工場へ行きますか。

3番 🔊 N4-T1-04

男の子とお母さんが話しています。男の子は一番最初にどこへ行きますか。

M：お母さん、友だちと映画を見に行って、帰り

にデパートに行くけど、何か買ってくる物ある？

F：買い物はないけど、この服、クリーニング屋に出してきてくれる？

M：いいよ。じゃ、映画を見る前に、服を出してから、友だちに会う。

F：友だちと映画を見るの？

M：うん。とてもおもしろいのがあって…。

男の子は一番最初にどこへ行きますか。

4番 🔊 N4-T1-05

友だち二人が話しています。男の人が持っているガムをかむと、どうなりますか。

F：最近たばこを止めたそうね。

M：うん。

F：いつから吸っていないの？

M：2月から。

F：2月？ 今は3月だから本当に最近ね。時々吸いたくならない？

M：吸いたくなった時はこのガムをかんでいるんだ。このガムをかむと、吸いたい気持ちがなくなるからね。

F：へえ。便利な物があるのね。

M：うん。便利なんだけど、このガムはたばこより高いから、吸いたい気持ちはなくなるけど、お金もなくなっちゃうんだ。

F：それでもいいんじゃない？体の方が大切よ。

男の人が持っているガムをかむと、どうなりますか。

5番 🔊 N4-T1-06

男の人と女の人が話しています。女の人は一週間に何日ドイツ語の教室に行きますか。

M：サチコさん、ドイツ語のレッスンを始めたそうですね。

F：はい。会社がドイツとの貿易が多いので。

M：毎日行くんですか。

F：本当は月水金の三日ですが、週末の一日も入れました。

M：土よう日もですか。

F：いいえ、日よう日です。

M：がんばってください。

女の人は一週間に何日ドイツ語の教室に行きますか。

6番 🔊 N4-T1-07

女の人はお花を習おうとしています。女の人が入るクラスは一ヶ月いくらですか。

M：いらっしゃいませ。

F：あのう、お花が習いたいんですが。

M：はじめての方ですか。

F：あ、はい。

M：週に3回のコースと、週末のコース、毎日のコースがございますが。

F：毎日は来られないので。

M：それでは、週末のコースと週に3回のコースですね。

F：いくらですか。

M：毎日は月1万5千円、週末は8千円、3回のコースは1万円です。

F：ふ～む、週末は水泳を習っていますから。

M：それでは週に3回のコースでございますね。

F：はい。

M：かしこまりました。

女の人が入るクラスは一ヶ月いくらですか。

7番 🔊 N4-T1-08

女の人と男の人が話しています。二人はこれからどの順番で行きますか。

F：映画を見てから食事ね。

M：もうお腹すいたから先に食事しよう。

F：そうすると映画の時間に間に合わないわ。それに子どもの誕生日のプレゼントも買わなければならないし。

M：じゃ、ショッピングを先にしてそこで、ごはんを食べたらどうだい。

F：しかたないわね。じゃ、夜の映画を見ましょう。

M：うん、分かった。

二人はこれからどの順番で行きますか。

8番 🔊 N4-T1-09

男の人と女の人が話しています。二人はどこで会いますか。

F：明日10時でいいね。

M：うん。で、どこで会う？

F：電車に乗って行くから駅前のほうがよくない？

M：それもそうだけど、何か買わなくてもいいの？

F：そうよね。じゃ、デパートの前で会おうか。

M：それより、ぼくが今日プレゼント買っとくから、すぐ行こう。

F：それならいいけど。じゃ、よろしく。私はちょっと本屋によって行くから。

二人はどこで会いますか。

問題2では、まず質問を聞いてください。そのあと、問題用紙を見てください。読む時間があります。それから話を聞いて、問題用紙の1から4の中から、一番いいものを一つ選んでください。では、練習しましょう。

例

男の人と女の人が話しています。男の人はなぜ青が好きですか。

M：高橋さんはどんな色が好きですか。

F：赤が好きです。このかばん、見てください。赤いでしょう？

M：そうですね。

F：鈴木さんはどんな色が好きです。

M：私は青が好きです。

F：青ですか。

M：はい、海が大好きなんです。だから青が好きです。山の上から見る海はとてもすばらしいですよ。

F：それで毎週登山をしていますね。

M：あ、はい。

男の人はなぜ青が好きですか。

一番いいものは1番です。解答用紙の問題2の例のところを見てください。一番いいものは1番ですから、答えはこのように書きます。では、始めます。

1番 🔊 N4-T1-11

女の人と男の人がテーブルを買いに来ました。男の人はテーブルについて、何がよくないと言っていますか。

F：このテーブルどう？大きさもいいし、色もなかなかいいわよ。

M：そうだね。でも、値段がまあまあね。

F：今度のボーナスに払えばいいじゃない。

M：ちょっと待ってよ。うちは四人家族だからこんなに大きいのはいらないよ。

F：ふーん、そっか。色はとても気にいっているけど、ほかの店に行ってみようか。

男の人はテーブルについて、何がよくないと言っていますか。

2番 🔊 N4-T1-12

娘と息子が話しています。お父さんがしたことは何ですか。

M：あ、変なにおいがする！どうしたの？

F：さっきお父さんが電話をとったの。

M：先週、やめたんじゃないの？

F：いつも口ではそう言うよ！

M：外で吸ったらいいのに…。

お父さんがしたことは何ですか。

3番 🔊 N4-T1-13

男の人と女の人が話しています。男の人はどんな辞書を買うことにしましたか。

F：山田さん、ひさしぶり。どうしたの？

M：あ、木村さん。いやあ、フランス語の辞書を買おうと思ったんだけど、こんなにたくさんあるから、どれを買おうか考えていたんだ。

F：そうね。この店はたくさん本をおいているからね。この辞書はどう？安くていいんじゃない？

M：う〜ん。安いのはいいんだけど、薄いから言葉がたくさんのっていないんじゃないかなあ。

F：じゃ、この厚いのは？

M：それは重いから、学校に持っていくのが大変でしょ。

F：難しいわねえ…。そうだ。電子辞書にすればいいんじゃない？

M：あ、そうか。でも、高いんじゃないかなあ。

F：カマハシ電気なら、けっこう安いわよ。

M：よし。じゃ、それを買おう。

男の人はどんな辞書を買うことにしましたか。

4番 🔊 N4-T1-14

男の人と女の人が話しています。女の人はなぜ男の人にお礼を言いましたか。

F：あ、すみません！もうだめですか!?

M：本当は9時までですが、いいですよ。

F：ありがとうございます。

M：どうしましたか。

F：今朝から熱が38度あって、のどもすごく痛いんです。

M：じゃあ、ちょっと高いですが、これがいいですよ。

F：分かりました。実は明日から出張なんです。こんな時間に病院は開いていないし、もしここが閉まっていたら出張に行くことができなかったかもしれません。

M：そうなんですか。お大事に！

女の人はなぜ男の人にお礼を言いましたか。

5番 🔊 N4-T1-15

男の人が話しています。男の人はどうして部長にしかられましたか。

M：けさ、部長にすごくしかられました。もちろん会社に遅れたこともありますが、大事なものを忘れてきたからです。会議の準備は昨日全部終わったから大丈夫だったんですが、外国からお客さまにあげるサンプルをうちに置いてきたからです。私はよくものを忘れたりするのでいつもこうなんです。これからうちに戻らなければなりません。

男の人はどうして部長にしかられましたか。

6番 🔊 N4-T1-16

女の人が話しています。台所の火を止めるのはなぜですか。

F：皆さんは、1995年に大きい地震があったことを知っていますか？神戸や大阪などでたくさんのビルが倒れました。また、地震の後で火事が起きて、たくさんの家が焼けました。地震があったら火事が起きないようにすぐに台所の火を止めてください。この地震と火事でたくさんの方が亡くなったり、けがをしたりしました。

台所の火を止めるのはなぜですか。

7番 🔊 N4-T1-17

男の人と女の人が話しています。スミスさんの国で一番ゆしゅつが少ないのはどれですか。

F：スミスさん、あなたの国は外国に何をゆしゅつしていますか。

M：去年まで、一番多かったのは自動車でしたが、今年からはテレビに変わりました。

F：テレビが一番多いですか。

M：はい。そのつぎがステレオです。

F：自動車はどうなっていますか。

M：あ、テレビのつぎが自動車です。

F：それじゃ、ステレオが三番目ですか。

M：いいえ、三番目はビデオで最後がステレオです。

スミスさんの国で一番ゆしゅつが少ないのはどれですか。

＜問題3＞ 🔊 N4-T1-18

問題3では、絵を見ながら質問を聞いてください。やじるし（→）の人は何と言いますか。1から3の中から、一番いいものを一つ選んでください。では、練習しましょう。

例

飲み会が終わって帰ろうとしています。何と言いますか。

F：1. すみません。席はどこですか。

　　2. すみません。お勘定お願いします。

　　3. すみません。何を持っていけばいいんですか。

一番いいものは2番です。解答用紙の問題3の例のところを見てください。一番いいものは2番ですから、答えはこのように書きます。では、始めます。

1番 🔊 N4-T1-19

M：女の人がシャツを買おうとしています。何と言いますか。

F：1. あのう、いつ来たらいいですか。

　　2. あのう、このシャツを取り替えてください。

　　3. あのう、あの赤いシャツを見せてください。

2番 🔊 N4-T1-20

F：男の人が水をこぼしました。何と言いますか。

M：1. 水は全然飲みたくないですよ。

　　2. ちょっと水がつめたいですよ。

　　3. あの、すみません。ナプキンもらえますか。

3番 🔊 N4-T1-21

M：重い荷物を持ってタクシーに乗ろうとしています。何と言いますか。

F：1. バス停はどこにありますか。

　　2. ちょっとトランク開けてもらいますか。

　　3. 荷物が多くてたいへんですよ。

4番 🔊 N4-T1-22

F：騒いでいる人に注意しています。何と言いますか。

M：1. ここで騒いではいけませんよ。

　　2. 先生にしかられましたよ。

　　3. いつもお世話になっております。

5番 🔊 N4-T1-23

M：友だちに借りた本を返しています。何と言いますか。

F：1. この本はいつ返せばいいの？

　　2. 本を貸してくれてありがとう。

　　3. 本は借りたことがないよ。

<問題4> 🔊 N4-T1-24

問題4では、絵などがありません。まず文を聞いてください。その返事を聞いて、1から3の中から、一番いいものを一つ選んでください。では、練習しましょう。

例

M:鉛筆は持ってきましたか。

F:1. はい、連れてきました。

2. はい、買いにきました。

3. あ！忘れました。

一番いいものは3番です。解答用紙の問題4の例のところを見てください。一番いいものは3番ですから、答えはこのように書きます。では、始めます。

1番　🔊 N4-T1-25

M:そろそろ時間ですよ。

F:1. そんなに忙しいんですか。

2. そんなにかかるんですか。

3. はい、すぐ行きます。

2番　🔊 N4-T1-26

F:サインをお願いします。

M:1. 手でいいですか。

2. 住所もですか。

3. ここでいいですか。

3番　🔊 N4-T1-27

M:このメロディー、いかがですか。

F:1. とてもおいしいですよ。

2. いい曲ですね。

3. すばらしい人です。

4番　🔊 N4-T1-28

F:近くに病院はありませんか。

M:1. あの白いビルが病院です。

2. はい、行ったことがあります。

3. 昨日行きました。

5番　🔊 N4-T1-29

M:体の具合はどうですか。

F:1. どきどきです。

2. まあまあです。

3. ぺこぺこです。

6番　🔊 N4-T1-30

F:いつもひまな時は何をしていますか。

M:1. 本を読んだり映画を見たりします。

2. 日よう日はだいたい家にいます。

3. もう会社へ行きましたが。

7番　🔊 N4-T1-31

M:急に暖かくなりましたね。

F:1. そうですね。マフラーが必要です。

2. そうですね。マフラーを買いましょう。

3. そうですね。マフラーは要りません。

8番　🔊 N4-T1-32

F:お姉さんはどちらにいらっしゃいますか。

M:1. 私の姉は名古屋にございます。

2. 私の姉は名古屋にいらっしゃいます。

3. 私の姉は名古屋におります。

N4 모의테스트 2회

언어지식(문자 · 어휘)

問題1 [1] 1 [2] 1 [3] 3 [4] 3 [5] 1
     [6] 3 [7] 2 [8] 4 [9] 2

問題2 [10] 4 [11] 3 [12] 1 [13] 3 [14] 2 [15] 3

問題3 [16] 1 [17] 4 [18] 2 [19] 4 [20] 1
     [21] 3 [22] 2 [23] 3 [24] 4 [25] 1

問題4 [26] 4 [27] 3 [28] 2 [29] 1 [30] 2

問題5 [31] 4 [32] 1 [33] 3 [34] 2 [35] 4

언어지식(문법) · 독해

問題1 [1] 4 [2] 3 [3] 1 [4] 4 [5] 1
     [6] 2 [7] 2 [8] 3 [9] 4 [10] 1
     [11] 1 [12] 1 [13] 3 [14] 2 [15] 1

問題2 [16] 4 [17] 4 [18] 2 [19] 4 [20] 2

問題3 [21] 2 [22] 1 [23] 2 [24] 4 [25] 3

問題4 [26] 1 [27] 4 [28] 1 [29] 1

問題5 [30] 4 [31] 1 [32] 3 [33] 1

問題6 [34] 1 [35] 2

청해

問題1 1 1 2 1 3 2 4 1 5 2 6 3 7 3 8 4

問題2 1 1 2 1 3 2 4 1 5 4 6 3 7 1

問題3 1 1 2 2 3 1 4 3 5 2

問題4 1 2 2 1 3 2 4 2 5 2 6 1 7 1 8 3

청해 스크립트

(M: 男性、男の子、F: 女性、女の子)

<問題1> N4-T2-01

問題1では、まず質問を聞いてください。それから話を聞いて、問題用紙の1から4の中から、一番いいものを一つ選んでください。

1番

男の人と女の人が話しています。二人はどのかびんを選びますか。

M: 後輩から花をもらったけど、かびんがないや。買いに行こう。

F: どんなのがいい？

M: たくさんもらったからやっぱり細いのはね。

F: じゃ、下が広いほうがいいでしょう。

M: それに、口のほうも広いほうが…。

F: そうだね。

二人はどのかびんを選びますか。

2番 N4-T2-02

男の人と女の人が話しています。二人はどんな皿を買いますか。

M: どれにしようかな。ぼくはこの何もないのがいいと思うけど。

F: それより、絵とかがあるのがよくない？

M: 絵があるのは食べ物をのせるとおいしそうに見えないよ。

F: そう？でも、この、花がかいているのはかわいいわよ。

M: そっか。それじゃ、それにしよう。

二人はどんな皿を買いますか。

3番　N4-T2-03

男の人と女の人が話しています。女の人はこれからどうしますか。

M：あ、ノリコちゃん、どこに行くの？

F：今日の会議で使う書類を忘れて来たのに今気がついて…。

M：もう8時だよ。会社に遅刻するよ。

F：でも、あれがないと会議がすすまないの。

M：ぼくは今日10時までに会社に行けばいいから、持って行ってあげようか。

F：あ、お願い。ありがとう。

女の人はこれからどうしますか。

4番　N4-T2-04

男の人と女の人が話しています。今何時ですか。

M：今何時？

F：4時10分前。

M：あ、大変だ。4時に友だちに会う約束をしたのに。

F：あ、ごめん。あたしの時計、20分すすんでるの。

M：何だ！まだ30分もあるじゃないか。

今何時ですか。

5番　N4-T2-05

女の人と男の人が話しています。男の人は今度の土よう日に何をしますか。

F：山田さん、今週の土よう日は雨が降るそうです。

M：そうですか。

F：はい。昨日のニュースで金よう日からずっと雨が降りつづくそうです。雨が降ると、やっぱり山はあぶないでしょう。

M：じゃ、山へ行くの、止めましょう。実は日よう日田舎から両親が来ることになっています。

F：日よう日に？

M：はい。それで山に行ってきてから部屋のそうじをしようと思ったんです。

F：山に行けないなら映画でも見ようと思ったのに……。

M：それは来週にしましょう。

男の人は今度の土よう日に何をしますか。

6番　N4-T2-06

男の人と女の人が話しています。男の人はいくら払いますか。

M：10時に入りましたが。

F：ええと、今午後1時半ですから、3時間30分止めましたね。1時間に100円ですので、全部で350円です。

M：1万円ぐらいの買い物をしましたけど。

F：あ、そうですか。1万円の買い物をなさった場合は2時間ぶんは払わなくてもよろしいです。

M：そうですか。じゃ、1時間半でいいですね。

男の人はいくら払いますか。

7番　N4-T2-07

女の人と男の人が話しています。男の人はコーヒーをどう飲みますか。

F：田中さん、コーヒーはいかがですか。

M：あ、ありがとうございます。

F：おさとうもミルクも入れますか。

M：ミルクはいいです。すみません。

F：アイスにしましょうか。

M：はい。お願いします。

男の人はコーヒーをどう飲みますか。

8番 N4-T2-08

男の人と女の人が話しています。女の人は明日何をしますか。

M：ケイコさん、明日いっしょに映画を見に行きませんか。

F：明日ですか。明日は田舎から親が来るので、駅にむかえに行かなければならないんです。また、午後から会社で大事な会議があります。

M：あ、ご両親がいらっしゃるんですか。で、日よう日なのに仕事があって大変ですね。

F：はい。5時ごろには会議が終わるので、よかったら、いっしょに食事でもしませんか。親といっしょですけど。

M：いいんですか。じゃあ、ぜひ。

女の人は明日何をしますか。

<問題2> N4-T2-09

問題2では、まず質問を聞いてください。そのあと、問題用紙を見てください。読む時間があります。それから話を聞いて、問題用紙の1から4の中から、一番いいものを一つ選んでください。

1番

友だち二人が話しています。女の人はなぜ大丈夫かと聞きましたか。

M：花子さん、明日車を買うんだけど、今度の土よう日にいっしょに海へ行かない？

F：土よう日は雨が降るそうよ。日よう日はどう？

M：いいよ、日よう日で。

F：あ、ねえ、車って、自分のお金で買うの？

M：うん。新しい車じゃないけどね。

F：大丈夫なの？

M：大丈夫って何が？2年前に造られた車だから、全然古くないよ。壊れている所もないし。

F：ううん、そんな事を言ってるんじゃないの。新しくなくても、けっこう高いんじゃないのかなって思って。

M：それは大丈夫。友だちの車だから、とても安く買えるんだ。

F：へえ、そうなんだ。じゃあ、日よう日にね！

女の人はなぜ大丈夫かと聞きましたか。

2番 N4-T2-10

会社で女の人と男の人が話しています。山田さんは男の人に何と言いましたか。

M：山田さんは今日から会社、休みますよね。

F：えっ？来週からって聞いたわ。

M：そうですか。今日から会社を休むんじゃなかったんですか。

F：ほら、あそこにいるじゃない！

M：そうですね。ぼくは今日からだと聞いたのに。

山田さんは男の人に何と言いましたか。

3番 N4-T2-11

男の人と女の人が写真を見ながら話しています。今の吉本さんの写真はどれですか。今の吉本さんのです。

M：これが吉本さんですか。全然ちがいますね。

F：あ、はい。6年前の高校の時の私です。

M：高校の時はかみが短かったんですね。目も悪くなかったし。

F：ええ、今はコンピューターゲームをやりすぎて。

M：目は一度悪くなるとよくならないから気をつけてください。

F：それで、最近は全然ゲームをやっていません。

今の吉本さんの写真はどれですか。今の吉本さんのです。

4番 🔊 N4-T2-12

男の人と女の人がレストランで話しています。男の人はどうしてミルクを飲まないのですか。

F：あれ、山田さん、ミルクを飲まないんですか。

M：飲まないんじゃなくて、飲めないんです。

F：どうしてですか。

M：子どもの時からミルクを飲むと、体に赤いものができるんですよ。

F：へえ～、で、薬とか飲んでもなおらないんですか。

M：はい。たくさんの病院に行きましたけど…。

F：ジュースを飲めばよかったのに。

M：いいえ、いいです。私はお水でいいですから。

男の人はどうしてミルクを飲まないのですか。

5番 🔊 N4-T2-13

駅でアナウンスがながれています。なぜ黄色い線の後ろに下がりますか。

M：2番線にまいります電車は急行成田行きです。危ないですから、黄色い線の後ろに下がって

お待ち下さい。急行成田行きは、となりの駅には止まりませんのでご注意ください。次に止まります駅は千葉、千葉でございます。

なぜ黄色い線の後ろに下がりますか。

6番 🔊 N4-T2-14

女の人が話しています。この人が水を飲まなかったのはなぜですか。

F：私が日本に来てびっくりしたことは、水道の水がそのまま飲めることです。初めて日本人の友だちの家へ遊びに行った時友だちがコップに氷を入れた後、水道の水を入れて出してくれました。とてものどがかわいていましたが、私は怖くてその水を飲むことができませんでした。

この人が水を飲まなかったのはなぜですか。

7番 🔊 N4-T2-15

友だち二人が話しています。杉本さんはどんな辞書を買いましたか。

M：杉本さん、昨日、辞書がほしいと言ったでしょう。

F：はい。来月外国語の試験があるので。

M：辞書もいろいろありますね。

F：あ、はい。最初は薄い辞書のほうが軽いし、便利だと思いましたが、やっぱりこれからもずっと勉強するつもりなので…。

M：それはそうですよ。私も薄いのを何冊も持っていますが、辞書に出てない言葉もありますし。

杉本さんはどんな辞書を買いましたか。

<問題3> 🔊 N4-T2-16

問題3では、絵を見ながら質問を聞いてください。やじるし（→）の人は何と言いますか。1から3の中から、一番いいものを一つ選んでください。

1番

M: 仕事が終わって、帰ろうとしています。何と言いますか。

F: 1. お先に失礼します。
　 2. お休みなさい。
　 3. おじゃましました。

2番 🔊 N4-T2-17

F: 友だちが階段でころんでけがをしました。何と言いますか。

M: 1. いつ病院へ行くの？
　 2. 大丈夫なの？
　 3. お元気？

3番 🔊 N4-T2-18

M: 遅く起きて学校に遅刻しました。先生に何と言いますか。

F: 1. 遅くなってすみません。
　 2. 授業が始まったんですか。
　 3. もっとがんばります。

4番 🔊 N4-T2-19

F: 先生に質問があります。何と言いますか。

M: 1. 先生、明日行ってもいいですか。
　 2. 先生、教えてくれてありがとうございます。

3. 先生、お聞きしたいことがありますが。

5番 🔊 N4-T2-20

M: 知らない人に道を聞いています。何と言いますか。

F: 1. すみません。そこまではよく分かりません。
　 2. すみません。この郵便局へはどうやって行きますか。
　 3. すみません。もう一度言ってください。

<問題4> 🔊 N4-T2-21

問題4では、絵などがありません。まず文を聞いてください。その返事を聞いて、1から3の中から、一番いいものを一つ選んでください。

1番

M: このボタンを押すと、どうなりますか。

F: 1. 早く着てみたいです。
　 2. ブザーがなります。
　 3. 青いほうが好きです。

2番 🔊 N4-T2-22

F: 飲み物は何になさいますか。

M: 1. アイスコーヒーをください。
　 2. 寝る前に紅茶を飲みました。
　 3. のどがかわきました。

3番 🔊 N4-T2-23

M: 社長に何か言われましたか。

F: 1. いいえ、言いませんでした。
　 2. ええ、昨日のことでしかられました。

3. ええ、全部言いました。

4番 N4-T2-24

F：もうご覧になりましたか。

M：1. ええ、先生からうかがいました。
　　2. ええ、拝見しました。
　　3. いいえ、まだご覧していません。

5番 N4-T2-25

M：山田さんは学生ですか。

F：1. はい、日本人です。
　　2. はい、学生です。
　　3. はい、会社員です。

6番 N4-T2-26

F：昨日は何時間勉強しましたか。

M：1. 3時間勉強しました。
　　2. はい、勉強しました。
　　3. 2時から勉強しました。

7番 N4-T2-27

M：ちょっと休みませんか。

F：1. ええ、休みましょう。
　　2. ええ、休みました。
　　3. ええ、休みません。

8番 N4-T2-28

F：イさんのかさはどれですか。

M：1. いいえ、ちがいます。
　　2. はい、イさんのです。
　　3. あの青いのです。

N4 모의테스트 3회

언어지식(문자·어휘)

問題1　1 3　2 2　3 1　4 4　5 1
　　　　6 3　7 1　8 2　9 4
問題2　10 2　11 1　12 4　13 3　14 1　15 2
問題3　16 4　17 1　18 3　19 4　20 4
　　　　21 1　22 3　23 2　24 4　25 1
問題4　26 1　27 3　28 3　29 3　30 4
問題5　31 4　32 3　33 2　34 3　35 1

언어지식(문법)·독해

問題1　1 3　2 3　3 1　4 1　5 2
　　　　6 2　7 4　8 2　9 2　10 2
　　　　11 1　12 3　13 3　14 1　15 4
問題2　16 3　17 3　18 4　19 1　20 1
問題3　21 2　22 3　23 4　24 1　25 1
問題4　26 3　27 3　28 1　29 2
問題5　30 2　31 4　32 3　33 1
問題6　34 2　35 2

청해

問題1　1 4　2 4　3 4　4 1　5 2　6 4　7 3　8 2
問題2　1 1　2 3　3 3　4 2　5 4　6 4　7 3
問題3　1 3　2 2　3 3　4 2　5 1
問題4　1 3　2 2　3 2　4 2　5 3　6 3　7 1　8 2

(M: 男性、男の子、F: 女性、女の子)

<問題1> ◀ N4-T3-01

問題1では、まず質問を聞いてください。それから話を聞いて、問題用紙の1から4の中から、一番いいものを一つ選んでください。

1番

お父さんとお母さんが話しています。新聞はどこにありますか。

M: サチコ、今日の新聞はどこにあるの？

F: ソファーの上にない？

M: ないよ。

F: さっき、子どもが見たかな。

M: じゃ、つくえの上にあるかもね。あっ、あった、あった。下に落ちているよ。

F: 読みおわったら本だなの上においてね。

M: うん、分かった。

新聞はどこにありますか。

2番 ◀ N4-T3-02

男の人と女の人が話しています。二人は何を買いますか。

M: 先輩のひっこし祝いに何をあげようかな。

F: ふーむ、お花とかはどうですか。

M: 花はあまり生活に役に立たないから、コップセットとかがいいと思うよ。

F: あ、いいですね。それでは、どんなのにしましょうか。

M: 先輩はコーヒーが好きだから、白いのがよくないかあ。

F: そうですね。で、持つところは一つにあったほうがいいですね。

M: そうしよう。

二人は何を買いますか。

3番 ◀ N4-T3-03

男の人と女の人が話しています。女の人の誕生日はいつですか。

M: あさってが妹の誕生日なんだ。

F: プレゼントは買ったの？

M: ううん。明日買いに行くつもりだげど、前からほしがっていたコンピューターを買ってやろうと思っているよ。

F: 妹さんの誕生日は私とちょうど一ヶ月違うわ。妹さんの誕生日は2月5日でしょう。

M: うん。じゃ、君は1月5日だよね。

F: ううん。一ヶ月おそいの。

女の人の誕生日はいつですか。

4番 ◀ N4-T3-04

食堂で女の人と男の人が話しています。男の人は何を食べますか。

F: 山本さん、何がいいですか。私はうどんにします。ここはラーメンもおいしいですよ。

M: ラーメンですか。何かさっぱりしたものが食べたいんですけど。

F: そうですか。じゃあ、うどんを食べますか。

M: あ、は〜、けっこうです。そばがあればいいんですけどね。とりあえず、今はやめときます。

男の人は何を食べますか。

友だち二人が話しています。二人はどんな映画
を見ますか。

F：ねえ、映画見に行かない？ おもしろいのがあ
　るけど。

M：あれ、こわい映画じゃないの？

F：うん。先週からアメリカのこわい映画が始ま
　ったの。

M：やっぱりそう思った。ぼく、こわい映画はだ
　めなんだよ。お笑いの映画なら…。

F：最近そんなのだれも見ないわよ。ねえ、今度
　はこれにしようよ。

M：ふ〜む、分かったよ。

二人はどんな映画を見ますか。

6番 🔊 N4-T3-06

デパートで女の人がお知らせをしています。スカ
ートは何階で買えますか。

F：マルマルデパートへいらっしゃったお客さまにお
　知らせいたします。明日から、当店では夏休
　みのセールを行います。子どものおもちゃは
　２階で２０％、男性の服は３階で３０％、そし
　て女性の服は４階で男性の服と同じ３０％で
　す。しかし、地下の肉や魚はセールをしてお
　りません。それではみなさん、たくさんのご
　利用お願いいたします。

スカートは何階で買えますか。

7番 🔊 N4-T3-07

女の人が先生の家に行きます。女の人は何時ご
ろ着くと言っていますか。

F：もしもし、木村ですが。

M：あ、木村君か！

F：今、駅の前にいるんですけど。

M：ああ、着いたのか。

F：ええ。あのう、それで申しわけないんですけど、
　駅から１０分とおっしゃってましたよね。

M：うん。

F：今２時５０分で本当はちょうどいいんですけ
　ど、ちょっと用事があって３時の約束、少し
　遅れそうですが。

M：あ、はい、はい。

F：２０分ぐらいで終わると思いますので。

M：そうか。

F：あと３０分ぐらいでうかがいます。

M：うん、分かった。

女の人は何時ごろ着くと言っていますか。

8番 🔊 N4-T3-08

男の人が図書館に電話をかけています。男の人
はいつ図書館に行けばいいですか。

F：はい、東京図書館です。

M：あのう、すみませんが、そちらの休みはいつ
　ですか。

F：はい。毎週火よう日と…。

M：火よう日…それじゃあ、八日はだめか！

F：それから毎月十五日です。

M：はっ？

F：で、もし十五日が火よう日の場合は次の十六
　日も休みになりますのでご注意ください。

M：はい、分かりました。

男の人はいつ図書館に行けばいいですか。

<問題2> 🔊 N4-T3-09

問題２では、まず質問を聞いてください。そのあ

と、問題用紙を見てください。読む時間があります。それから話を聞いて、問題用紙の1から4の中から、一番いいものを一つ選んでください。

1番

男の人と女の人が話しています。女の人が忘れたものはどれですか。

M：暑いですね、今日は。
F：そうですね。ずっと暑い日が続いていますね。
M：で、かけないんですか。
F：あっ、しまった。かぶるものだけ持ってきたんですよ。
M：夏の太陽はまぶしいのに…。
F：朝、遅く起きて急いできたんで…。

女の人が忘れたものはどれですか。

2番 🔊 N4-T3-10

男の人と女の人が話しています。男の人が一番好きな食べ物は何ですか。

M：西原さんはそばが好きですか。
F：好きですけど、うどんほどではありません。松田さんはどうですか。
M：うどんとかそばとかもいいですけど、私にはラーメンが何よりです。スパゲッティはあまり食べないんです。
F：でも健康を考えると、いろんなものを食べたほうがいいですよ。
M：そうですね。これからは気をつけます。

男の人が一番好きな食べ物は何ですか。

3番 🔊 N4-T3-11

先生と学生が話しています。持ってきてもいいものは何ですか。

F：先生、テープレコーダーは持ってきてもいいですか。
M：いいえ、だめです。それにお酒もいけませんよ。で、雨降るかもしれないからかさは持ってきてください。
F：サンダルはどうですか。
M：うん。それはいいです。
F：お酒というとビールもだめですね。
M：当たり前でしょう？

持ってきてもいいものは何ですか。

4番 🔊 N4-T3-12

男の人と女の人が話しています。男の人は会社までどうやって来ましたか。

M：けさ、事故があって電車が止まっちゃったんだよ。
F：それは大変でしたね。で、会社へはどうやって行きましたか。
M：ほかの電車に乗ろうとしたけど、遅れそうだったのでタクシーにしたんだ。
F：朝は車が多いからもっと時間がかかるでしょう。
M：そうだよ。それで、駅からそんなに遠くなかったから…。
F：歩いてきたんですね。

男の人は会社までどうやって来ましたか。

5番 🔊 N4-T3-13

男の人が友だちのプレゼントについて話しています。なぜ困っていますか。

M：明日は友だちの誕生日です。友だちは甘い物が好きですから、ケーキをあげようと思います。それから、かばんもあげようと思います。前にかばんがほしいと言っていたからです。でも友だちはどんな色が好きか分からないので困っています。なぜなら友だちのくつは赤が多くて、服は白や黒が多いからです。

男の人はなぜ困っていますか。

6番 N4-T3-14

女の人が高校生の勉強する時間について話しています。一日1時間以下勉強する高校生は何人ですか。

F：テレビのニュースによると、最近の高校生はあまり勉強しないようです。100人の高校生に聞いてみたようですが、一日に2時間以上勉強する高校生は10人しかいませんでした。30分以下の高校生も10人でした。30分から1時間勉強すると答えた高校生は一番多くて、40人いました。

一日1時間以下勉強する高校生は何人ですか。

7番 N4-T3-15

女の人と男の人が話しています。男の人のお父さんは今、何をしていますか。

F：山田さんのお父さんはまだ会社員でしょう。

M：いいえ、今年の3月にやめました。

F：そうですか。じゃ、今は何もされてないんですね。

M：いえ。ぼくも何十年も会社につとめたので、ちょっと休むのではないかと思いましたが、人はいつまでも習わなければならないと言って。

F：へ〜え、すごいですね。じゃ、大学とかで…。

M：いいえ、ギターをしています。

男の人のお父さんは今、何をしていますか。

問題3では、絵を見ながら質問を聞いてください。やじるし（→）の人は何と言いますか。1から3の中から、一番いいものを一つ選んでください。

1番

M：時間を聞いています。何と言いますか。

F：1. すみません。いつ行きますか。

　　2. すみません。この時計はいくらですか。

　　3. すみません。今何時ですか。

2番 N4-T3-17

M：遊びに行った家から帰ろうとしています。何と言いますか。

F：1. まだいいじゃありませんか。

　　2. もうそろそろ失礼します。

　　3. 大変お疲れ様でした。

3番 N4-T3-18

M：先輩にレストランでごちそうしてもらいました。何と言いますか。

F：1. 先輩、いただきます。

　　2. 先輩、これからもよろしくお願いします。

　　3. 先輩、ごちそうさまでした。ありがとうございます。

4番 N4-T3-19

F：水泳教室に入ろうとしています。何と言いますか。

M：1. 水泳がとても上手ですが。

　　2. レッスンの時間とレベルについて教えてください。

　　3. 海で泳ぐのはできますけど。

5番 N4-T3-20

M：郵便局でエアメールを送ろうとしています。
何と言いますか。

F：1. アメリカまでどのくらいかかりますか。
2. 郵便番号が分からないんですが。
3. 飛行機の時間を教えてください。

<問題4> N4-T3-21

問題4では、絵などがありません。まず文を聞いてください。その返事を聞いて、1から3の中から、一番いいものを一つ選んでください。

1番

M：お国はどちらですか。

F：1. はい、そうです。
2. そちらです。
3. 韓国です。

2番 N4-T3-22

F：いって来ます。

M：1. お帰りなさい。
2. いってらっしゃい。
3. ごちそうさま。

3番 N4-T3-23

M：昼ごはんは何を食べましたか。

F：1. 佐藤さんと食べました。
2. すしを食べました。
3. 食堂で食べました。

4番 N4-T3-24

F：もう宿題をしましたか。

M：1. はい、します。
2. はい、もうしました。
3. はい、いいですよ。

5番 N4-T3-25

M：どうぞ。たくさん食べてください。

F：1. こちらこそ。
2. ごめんなさい。
3. いただきます。

6番 N4-T2-26

F：昨日はあまり暑くなかったですね。

M：1. ええ、薄かったです。
2. ええ、暑かったです。
3. ええ、涼しかったです。

7番 N4-T3-27

M：この道をまっすぐ行ってください。

F：1. はい、まっすぐですね。
2. はい、右に曲がりますね。
3. はい、ここでとめますね。

8番 N4-T3-28

F：明日は絶対に遅れないように。

M：1. はい、必ず遅れます。
2. はい、必ず早く来ます。
3. はい、もしかしたら早く来るかもしれません。

N5 言語知識（文字・語彙） 解答用紙

受 験 番 号 Examinee Registration Number	

名　前 Name	

< 　ちゅうい　Notes　 >

1. くろいえんぴつ（HB、No.2）で
かいてください。
Use a black medium soft
(HB or No.2) pencil.

2. かきなおすときは、けしゴムで
きれいにけしてください。
Erase any unintended marks
completely.

3. きたなくしたり、おったりしないで
ください。
Do not soil or bend this sheet.

4. マークれい　Marking examples

よい Correct	わるい Incorrect
●	⊘ ⊖ ◎ ⦶ ⊘ ⦷ ◯

もんだい1

1	①	②	③	④
2	①	②	③	④
3	①	②	③	④
4	①	②	③	④
5	①	②	③	④
6	①	②	③	④
7	①	②	③	④
8	①	②	③	④
9	①	②	③	④
10	①	②	③	④
11	①	②	③	④
12	①	②	③	④

もんだい2

13	①	②	③	④
14	①	②	③	④
15	①	②	③	④
16	①	②	③	④
17	①	②	③	④
18	①	②	③	④
19	①	②	③	④
20	①	②	③	④

もんだい3

21	①	②	③	④
22	①	②	③	④
23	①	②	③	④
24	①	②	③	④
25	①	②	③	④
26	①	②	③	④
27	①	②	③	④
28	①	②	③	④
29	①	②	③	④
30	①	②	③	④

もんだい4

31	①	②	③	④
32	①	②	③	④
33	①	②	③	④
34	①	②	③	④
35	①	②	③	④

N5 言語知識 (文法)・読解 解答用紙

<table>
<tr><td>受 験 番 号
Examinee Registration Number</td><td></td></tr>
</table>

<table>
<tr><td>名 前
Name</td><td></td></tr>
</table>

< ちゅうい Notes >

1. くろいえんぴつ（HB、No.2）で かいてください。
   Use a black medium soft (HB or No.2) pencil.

2. かきなおすときは、けしゴムで きれいにけしてください。
   Erase any unintended marks completely.

3. きたなくしたり、おったりしないで ください。
   Do not soil or bend this sheet.

4. マークれい　Marking examples

よい Correct	わるい Incorrect
●	⊘ ◔ ◎ ◑ ⊜ ⊘ ◒

もんだい 1

1	①	②	③	④
2	①	②	③	④
3	①	②	③	④
4	①	②	③	④
5	①	②	③	④
6	①	②	③	④
7	①	②	③	④
8	①	②	③	④
9	①	②	③	④
10	①	②	③	④
11	①	②	③	④
12	①	②	③	④
13	①	②	③	④
14	①	②	③	④
15	①	②	③	④
16	①	②	③	④

もんだい 2

17	①	②	③	④
18	①	②	③	④
19	①	②	③	④
20	①	②	③	④
21	①	②	③	④

もんだい 3

22	①	②	③	④
23	①	②	③	④
24	①	②	③	④
25	①	②	③	④
26	①	②	③	④

もんだい 4

27	①	②	③	④
28	①	②	③	④
29	①	②	③	④

もんだい 5

30	①	②	③	④
31	①	②	③	④

もんだい 6

32	①	②	③	④

N5　聴解 解答用紙

受 験 番 号 Examinee Registration Number	名　前 Name

< 　ちゅうい　Notes　 >

1. くろいえんぴつ（HB、No.2）で
   かいてください。
   Use a black medium soft
   (HB or No.2) pencil.

2. かきなおすときは、けしゴムで
   きれいにけしてください。
   Erase any unintended marks
   completely.

3. きたなくしたり、おったりしないで
   ください。
   Do not soil or bend this sheet.

4. マークれい　Marking examples

よい Correct	わるい Incorrect
●	⊘ ⊖ ◎ ⊙ ⊜ ⊘ ◓ ○

もんだい１

れい	①	●	③	④
1	①	②	③	④
2	①	②	③	④
3	①	②	③	④
4	①	②	③	④
5	①	②	③	④
6	①	②	③	④
7	①	②	③	④

もんだい２

れい	①	●	③	④
1	①	②	③	④
2	①	②	③	④
3	①	②	③	④
4	①	②	③	④
5	①	②	③	④
6	①	②	③	④

もんだい３

れい	①	●	③
1	①	②	③
2	①	②	③
3	①	②	③
4	①	②	③
5	①	②	③

もんだい４

れい	①	②	●
1	①	②	③
2	①	②	③
3	①	②	③
4	①	②	③
5	①	②	③
6	①	②	③

N5　言語知識 (文字・語彙) 解答用紙

受験番号 Examinee Registration Number		名前 Name	

< ちゅうい Notes >

1. くろいえんぴつ (HB、No.2) で かいてください。
   Use a black medium soft (HB or No.2) pencil.

2. かきなおすときは、けしゴムで きれいにけしてください。
   Erase any unintended marks completely.

3. きたなくしたり、おったりしないで ください。
   Do not soil or bend this sheet.

4. マークれい　Marking examples

よい Correct	わるい Incorrect
●	◎ ◖ ◯ ◉ ⊘ ◑ ◯

もんだい1

1	①	②	③	④
2	①	②	③	④
3	①	②	③	④
4	①	②	③	④
5	①	②	③	④
6	①	②	③	④
7	①	②	③	④
8	①	②	③	④
9	①	②	③	④
10	①	②	③	④
11	①	②	③	④
12	①	②	③	④

もんだい2

13	①	②	③	④
14	①	②	③	④
15	①	②	③	④
16	①	②	③	④
17	①	②	③	④
18	①	②	③	④
19	①	②	③	④
20	①	②	③	④

もんだい3

21	①	②	③	④
22	①	②	③	④
23	①	②	③	④
24	①	②	③	④
25	①	②	③	④
26	①	②	③	④
27	①	②	③	④
28	①	②	③	④
29	①	②	③	④
30	①	②	③	④

もんだい4

31	①	②	③	④
32	①	②	③	④
33	①	②	③	④
34	①	②	③	④
35	①	②	③	④

N5　言語知識（文法）・読解　解答用紙

受　験　番　号 Examinee Registration Number		名　前 Name	

<　ちゅうい　Notes　>

1. くろいえんぴつ（HB、No.2）で
かいてください。
Use a black medium soft
(HB or No.2) pencil.

2. かきなおすときは、けしゴムで
きれいにけしてください。
Erase any unintended marks
completely.

3. きたなくしたり、おったりしないで
ください。
Do not soil or bend this sheet.

4. マークれい　Marking examples

よい Correct	わるい Incorrect
●	⊘ ⊖ ◎ ⊝ ⊘ ⊕ ◌

もんだい 1

	①	②	③	④
1	①	②	③	④
2	①	②	③	④
3	①	②	③	④
4	①	②	③	④
5	①	②	③	④
6	①	②	③	④
7	①	②	③	④
8	①	②	③	④
9	①	②	③	④
10	①	②	③	④
11	①	②	③	④
12	①	②	③	④
13	①	②	③	④
14	①	②	③	④
15	①	②	③	④
16	①	②	③	④

もんだい 2

	①	②	③	④
17	①	②	③	④
18	①	②	③	④
19	①	②	③	④
20	①	②	③	④
21	①	②	③	④

もんだい 3

	①	②	③	④
22	①	②	③	④
23	①	②	③	④
24	①	②	③	④
25	①	②	③	④
26	①	②	③	④

もんだい 4

	①	②	③	④
27	①	②	③	④
28	①	②	③	④
29	①	②	③	④

もんだい 5

	①	②	③	④
30	①	②	③	④
31	①	②	③	④

もんだい 6

	①	②	③	④
32	①	②	③	④

N5 聴解 解答用紙

受　験　番　号 Examinee Registration Number	

名　前 Name	

< 　ちゅうい　Notes　 >

1. くろいえんぴつ （HB、No.2）で かいてください。
Use a black medium soft (HB or No.2) pencil.

2. かきなおすときは、けしゴムで きれいにけしてください。
Erase any unintended marks completely.

3. きたなくしたり、おったりしないで ください。
Do not soil or bend this sheet.

4. マークれい　Marking examples

よい Correct	わるい Incorrect
●	⊘ ⊖ ◎ ⦻ ⊝ ⊕ ◯ ◉

もんだい1

1	①	②	③	④
2	①	②	③	④
3	①	②	③	④
4	①	②	③	④
5	①	②	③	④
6	①	②	③	④
7	①	②	③	④

もんだい2

1	①	②	③	④
2	①	②	③	④
3	①	②	③	④
4	①	②	③	④
5	①	②	③	④
6	①	②	③	④

もんだい3

1	①	②	③
2	①	②	③
3	①	②	③
4	①	②	③
5	①	②	③

もんだい4

1	①	②	③
2	①	②	③
3	①	②	③
4	①	②	③
5	①	②	③
6	①	②	③

N4 言語知識（文字・語彙） 解答用紙

受験番号 Examinee Registration Number	

名前 Name	

< ちゅうい Notes >

1. くろいえんぴつ（HB、No.2）で かいてください。
   Use a black medium soft (HB or No.2) pencil.

2. かきなおすときは、けしゴムで きれいにけしてください。
   Erase any unintended marks completely.

3. きたなくしたり、おったりしないで ください。
   Do not soil or bend this sheet.

4. マークれい Marking examples

よい Correct	わるい Incorrect
●	⊘ ⊙ ◉ ⊖ ⊗ ⊘ ○

もんだい1

1	①	②	③	④
2	①	②	③	④
3	①	②	③	④
4	①	②	③	④
5	①	②	③	④
6	①	②	③	④
7	①	②	③	④
8	①	②	③	④
9	①	②	③	④

もんだい2

10	①	②	③	④
11	①	②	③	④
12	①	②	③	④
13	①	②	③	④
14	①	②	③	④
15	①	②	③	④

もんだい3

16	①	②	③	④
17	①	②	③	④
18	①	②	③	④
19	①	②	③	④
20	①	②	③	④
21	①	②	③	④
22	①	②	③	④
23	①	②	③	④
24	①	②	③	④
25	①	②	③	④

もんだい4

26	①	②	③	④
27	①	②	③	④
28	①	②	③	④
29	①	②	③	④
30	①	②	③	④

もんだい5

31	①	②	③	④
32	①	②	③	④
33	①	②	③	④
34	①	②	③	④
35	①	②	③	④

N4　言語知識（文法）・読解　解答用紙

受験番号 Examinee Registration Number	

名前 Name	

<　　ちゅうい　Notes　　>

1. くろいえんぴつ（HB、No.2）で かいてください。
   Use a black medium soft (HB or No.2) pencil.

2. かきなおすときは、けしゴムで きれいにけしてください。
   Erase any unintended marks completely.

3. きたなくしたり、おったりしないで ください。
   Do not soil or bend this sheet.

4. マークれい　Marking examples

よい Correct	わるい Incorrect
●	⊘ ⊖ ◉ ◯ ⊜ ⊘ ⊘ ●

もんだい1

1	①	②	③	④
2	①	②	③	④
3	①	②	③	④
4	①	②	③	④
5	①	②	③	④
6	①	②	③	④
7	①	②	③	④
8	①	②	③	④
9	①	②	③	④
10	①	②	③	④
11	①	②	③	④
12	①	②	③	④
13	①	②	③	④
14	①	②	③	④
15	①	②	③	④

もんだい2

16	①	②	③	④
17	①	②	③	④
18	①	②	③	④
19	①	②	③	④
20	①	②	③	④

もんだい3

21	①	②	③	④
22	①	②	③	④
23	①	②	③	④
24	①	②	③	④
25	①	②	③	④

もんだい4

26	①	②	③	④
27	①	②	③	④
28	①	②	③	④
29	①	②	③	④

もんだい5

30	①	②	③	④
31	①	②	③	④
32	①	②	③	④
33	①	②	③	④

もんだい6

34	①	②	③	④
35	①	②	③	④

N4 聴解 解答用紙

受 験 番 号
Examinee Registration Number

名 前
Name

問 題 1

例	●	②	③	④
1	①	②	③	④
2	①	②	③	④
3	①	②	③	④
4	①	②	③	④
5	①	②	③	④
6	①	②	③	④
7	①	②	③	④
8	①	②	③	④

問 題 2

例	●	②	③	④
1	①	②	③	④
2	①	②	③	④
3	①	②	③	④
4	①	②	③	④
5	①	②	③	④
6	①	②	③	④
7	①	②	③	④

問 題 3

例	①	●	③
1	①	②	③
2	①	②	③
3	①	②	③
4	①	②	③
5	①	②	③

問 題 4

例	①	②	●
1	①	②	③
2	①	②	③
3	①	②	③
4	①	②	③
5	①	②	③
6	①	②	③
7	①	②	③
8	①	②	③

N4 言語知識（文字・語彙）解答用紙

<table>
<tr><td>受験番号
Examinee Registration Number</td><td></td></tr>
</table>

<table>
<tr><td>名前
Name</td><td></td></tr>
</table>

＜　ちゅうい　Notes　＞

1. くろいえんぴつ（HB、No.2）で
かいてください。
Use a black medium soft
(HB or No.2) pencil.

2. かきなおすときは、けしゴムで
きれいにけしてください。
Erase any unintended marks
completely.

3. きたなくしたり、おったりしないで
ください。
Do not soil or bend this sheet.

4. マークれい　Marking examples

よい Correct	わるい Incorrect
●	⊘ ⊗ ◎ ○ ⊖ ⊗ ⊕ ⬤

もんだい1

1	①	②	③	④
2	①	②	③	④
3	①	②	③	④
4	①	②	③	④
5	①	②	③	④
6	①	②	③	④
7	①	②	③	④
8	①	②	③	④
9	①	②	③	④

もんだい2

10	①	②	③	④
11	①	②	③	④
12	①	②	③	④
13	①	②	③	④
14	①	②	③	④
15	①	②	③	④

もんだい3

16	①	②	③	④
17	①	②	③	④
18	①	②	③	④
19	①	②	③	④
20	①	②	③	④
21	①	②	③	④
22	①	②	③	④
23	①	②	③	④
24	①	②	③	④
25	①	②	③	④

もんだい4

26	①	②	③	④
27	①	②	③	④
28	①	②	③	④
29	①	②	③	④
30	①	②	③	④

もんだい5

31	①	②	③	④
32	①	②	③	④
33	①	②	③	④
34	①	②	③	④
35	①	②	③	④

N4 言語知識（文法）・読解 解答用紙

げんごちしき ぶんぽう　どっかい　かいとうようし

受験番号
Examinee Registration Number

名前
Name

< ちゅうい Notes >

1. くろいえんぴつ（HB、No.2）で かいてください。
   Use a black medium soft (HB or No.2) pencil.

2. かきなおすときは、けしゴムで きれいにけしてください。
   Erase any unintended marks completely.

3. きたなくしたり、おったりしないで ください。
   Do not soil or bend this sheet.

4. マークれい　Marking examples

よい Correct	わるい Incorrect
●	⊘ ◒ ◎ ◓ ⊘ ◖ ◍

もんだい 1

1	①	②	③	④
2	①	②	③	④
3	①	②	③	④
4	①	②	③	④
5	①	②	③	④
6	①	②	③	④
7	①	②	③	④
8	①	②	③	④
9	①	②	③	④
10	①	②	③	④
11	①	②	③	④
12	①	②	③	④
13	①	②	③	④
14	①	②	③	④
15	①	②	③	④

もんだい 2

16	①	②	③	④
17	①	②	③	④
18	①	②	③	④
19	①	②	③	④
20	①	②	③	④

もんだい 3

21	①	②	③	④
22	①	②	③	④
23	①	②	③	④
24	①	②	③	④
25	①	②	③	④

もんだい 4

26	①	②	③	④
27	①	②	③	④
28	①	②	③	④
29	①	②	③	④

もんだい 5

30	①	②	③	④
31	①	②	③	④
32	①	②	③	④
33	①	②	③	④

もんだい 6

34	①	②	③	④
35	①	②	③	④

N4 聴解 解答用紙

受　験　番　号 Examinee Registration Number	
名　前 Name	

< 　ちゅうい　Notes　 >

1. くろいえんぴつ（HB、No.2）で
   かいてください。
   Use a black medium soft
   (HB or No.2) pencil.

2. かきなおすときは、けしゴムで
   きれいにけしてください。
   Erase any unintended marks
   completely.

3. きたなくしたり、おったりしないで
   ください。
   Do not soil or bend this sheet.

4. マークれい　Marking examples

よい Correct	わるい Incorrect
●	⊘ ⊖ ◎ ◑ ⊜ ◑ ⬤

問　題　1

1	①	②	③	④
2	①	②	③	④
3	①	②	③	④
4	①	②	③	④
5	①	②	③	④
6	①	②	③	④
7	①	②	③	④
8	①	②	③	④

問　題　2

1	①	②	③	④
2	①	②	③	④
3	①	②	③	④
4	①	②	③	④
5	①	②	③	④
6	①	②	③	④
7	①	②	③	④

問　題　3

1	①	②	③
2	①	②	③
3	①	②	③
4	①	②	③
5	①	②	③

問　題　4

1	①	②	③
2	①	②	③
3	①	②	③
4	①	②	③
5	①	②	③
6	①	②	③
7	①	②	③
8	①	②	③

N4 言語知識 (文字・語彙) 解答用紙

受　験　番　号 Examinee Registration Number	

名　前 Name	

<　ちゅうい　Notes　>

1. くろいえんぴつ（HB、No.2）で かいてください。
Use a black medium soft (HB or No.2) pencil.

2. かきなおすときは、けしゴムで きれいにけしてください。
Erase any unintended marks completely.

3. きたなくしたり、おったりしないで ください。
Do not soil or bend this sheet.

4. マークれい　Marking examples

よい Correct	わるい Incorrect
●	⊘ ◔ ◎ ◑ ⊝ ◫ ◯

もんだい 1

1	①	②	③	④
2	①	②	③	④
3	①	②	③	④
4	①	②	③	④
5	①	②	③	④
6	①	②	③	④
7	①	②	③	④
8	①	②	③	④
9	①	②	③	④

もんだい 2

10	①	②	③	④
11	①	②	③	④
12	①	②	③	④
13	①	②	③	④
14	①	②	③	④
15	①	②	③	④

もんだい 3

16	①	②	③	④
17	①	②	③	④
18	①	②	③	④
19	①	②	③	④
20	①	②	③	④
21	①	②	③	④
22	①	②	③	④
23	①	②	③	④
24	①	②	③	④
25	①	②	③	④

もんだい 4

26	①	②	③	④
27	①	②	③	④
28	①	②	③	④
29	①	②	③	④
30	①	②	③	④

もんだい 5

31	①	②	③	④
32	①	②	③	④
33	①	②	③	④
34	①	②	③	④
35	①	②	③	④

N4　言語知識（文法）・読解　解答用紙

受験番号　Examinee Registration Number		名前　Name

<　ちゅうい　Notes　>

1. くろいえんぴつ（HB、No.2）で かいてください。
   Use a black medium soft (HB or No.2) pencil.

2. かきなおすときは、けしゴムで きれいにけしてください。
   Erase any unintended marks completely.

3. きたなくしたり、おったりしないで ください。
   Do not soil or bend this sheet.

4. マークれい　Marking examples

よい Correct	わるい Incorrect
●	⊘ ⊖ ◎ ◑ ⊜ ⊘ ◍ ○

もんだい1

	1	2	3	4
1	①	②	③	④
2	①	②	③	④
3	①	②	③	④
4	①	②	③	④
5	①	②	③	④
6	①	②	③	④
7	①	②	③	④
8	①	②	③	④
9	①	②	③	④
10	①	②	③	④
11	①	②	③	④
12	①	②	③	④
13	①	②	③	④
14	①	②	③	④
15	①	②	③	④

もんだい2

	1	2	3	4
16	①	②	③	④
17	①	②	③	④
18	①	②	③	④
19	①	②	③	④
20	①	②	③	④

もんだい3

	1	2	3	4
21	①	②	③	④
22	①	②	③	④
23	①	②	③	④
24	①	②	③	④
25	①	②	③	④

もんだい4

	1	2	3	4
26	①	②	③	④
27	①	②	③	④
28	①	②	③	④
29	①	②	③	④

もんだい5

	1	2	3	4
30	①	②	③	④
31	①	②	③	④
32	①	②	③	④
33	①	②	③	④

もんだい6

	1	2	3	4
34	①	②	③	④
35	①	②	③	④

N4　聴解 解答用紙
ちょうかい　かいとうようし

受　験　番　号 Examinee Registration Number	

名　前 Name	

<　　ちゅうい　Notes　　>

1. くろいえんぴつ（HB、No.2）で
かいてください。
Use a black medium soft
(HB or No.2) pencil.

2. かきなおすときは、けしゴムで
きれいにけしてください。
Erase any unintended marks
completely.

3. きたなくしたり、おったりしないで
ください。
Do not soil or bend this sheet.

4. マークれい　Marking examples

よい Correct	わるい Incorrect
●	⊘ ⊖ ◎ ◑ ⊝ ◍ ◯

問　題　1

1	①	②	③	④
2	①	②	③	④
3	①	②	③	④
4	①	②	③	④
5	①	②	③	④
6	①	②	③	④
7	①	②	③	④
8	①	②	③	④

問　題　2

1	①	②	③	④
2	①	②	③	④
3	①	②	③	④
4	①	②	③	④
5	①	②	③	④
6	①	②	③	④
7	①	②	③	④

問　題　3

1	①	②	③
2	①	②	③
3	①	②	③
4	①	②	③
5	①	②	③

問　題　4

1	①	②	③
2	①	②	③
3	①	②	③
4	①	②	③
5	①	②	③
6	①	②	③
7	①	②	③
8	①	②	③

이장우

현 종로 파고다 외국어 학원에서 JPT 및 일본어능력시험 전문강사로 활동 중

저서

'유토리 일본어능력시험' 시리즈
점수별 '딱 JPT' 시리즈
'JPT 지배하는 법' 파트별 시리즈 그 외 다수

일본어능력시험 실전 시뮬레이션 N4 · N5

저자 이장우
초판 1쇄 인쇄 2011년 11월 14일
초판 1쇄 발행 2011년 11월 21일

발행인 박효상
편집책임 임수진
편집진행 김효주
디자인책임 손정수
마케팅책임 이종선
마케팅 이태호, 이전희

발행처 사람in
출판등록 제 10-1835호
주소 121-839 서울 마포구 서교동 378-16 4F
전화 02.338.3555
팩스 02.338.3545
이메일 saramin@netsgo.com
홈페이지 www.saramin.com

※잘못 만들어진 책은 구입하신 곳에서 바꾸어 드립니다.

ISBN 978-89-6049-276-9 18730
        978-89-6049-170-0 (set)